# AS CORES DA ALMA: A VIDA DE HILMA AF KLINT

LUCIANA PINHEIRO

KOTTER EDITORIAL

*Coordenação Editorial*: Sálvio Nienkötter
*Editor-Executivo*: João Lucas Dusi
*Editores-adjuntos*: Claudecir de Oliveira Rocha, Daniel Osiecki
*Capa*: Jussara Salazar
*Capa*: Imagem n.2 da série "*As Dez Maiores*", de Hilma af Klint - 1908. Direitos da imagem para Fundação Hilma af Klint
*Design editorial*: Carlos Garcia Fernandes
*Produção*: Cristiane Nienkötter
*Revisão e preparação de originais*: A Autora
*Crédito das traduções utilizadas em citações*:
*do alemão* Jonas Bach Junior
*do francês* Cateline Ronsse
*do inglês* Caroline de Rosso, Cristina Pinheiro Matos
*do sueco* Bartira Fortes, Carlos Borges

Dados Internacionais de Catalogação na Publicação (CIP)
Angelica Ilacqua CRB-8/7057

Pinheiro, Luciana
As cores da alma : a vida de Hilma af Klint / Luciana Pinheiro. —
Curitiba : Kotter Editorial, 2023.
208 p.

ISBN 978-65-5361-229-7

1. Pintoras - Suécia - Biografia 2. Klint, Hilma af, 1862-1944 –
Biografia I. Título

CDD 759.85

23-3962

Kotter Editorial Ltda.
Rua das Cerejeiras, 194
CEP: 82700-510 - Curitiba - PR
Tel. + 55(41) 3585-5161
www.kotter.com.br | contato@kotter.com.br

Feito o depósito legal
1ª Edição
2023

# AS CORES DA ALMA: A VIDA DE HILMA AF KLINT

LUCIANA PINHEIRO

*Sei que Deus mora em mim Como sua melhor casa. Sou sua paisagem, Sua retorta alquímica E para sua alegria Seus dois olhos. Mas esta letra é minha.*

Adélia Prado

*Aos meus pais, Maria Regina e Geraldo, pela vida doada e os sagrados ensinamentos;*
*Aos meus irmãos, Cristiana e Oswaldo, preciosas testemunhas de minha biografia;*
*Aos meus filhos, Maria Clara e João Pedro, em nome de todo sacrifício que fizeram para que pudesse me dedicar a esta pesquisa;*
*Vocês colorem a minha Alma.*

Luciana Pinheiro

# Gratidão! tack så mycket

Este livro não estaria hoje em suas mãos sem a ajuda, o apoio e o trabalho de muitos seres humanos que, como eu, envolveram-se nesta incrível biografia. Reconheço cada um que fez parte deste bordado ao longo destes anos.

Do primeiro ao último capítulo, muitas mãos trabalharam com capricho nos fios que vieram de longe. Algumas me acolheram, outras traduziram, revisaram, ampararam. Houve as que beliscaram, mas também me ajudaram a desfazer vários nós, e outras apareceram no final para dar os arremates. A todos sou igualmente grata, e de todo meu coração espero que possam sentir-se realizados ao ver esta obra concluída. Além disso, desejo que fiquem felizes e orgulhosos por terem contribuído para que a missão de Hilma alcançasse terras tão distantes.

Lívia Takemura, Thalita Facciolo, Patrícia Ceschi, Ana Luiza Bruno, Alexandre Alves, Mauricio Ayer, Iracema Benevides, Jean Willinger, Ute Craemer, Marcia Della Negra, Débora Mattos, Salete Biagioni, Vimala Ananda Jay, Sandra Freitas, Alexandra Metrau Guedes, Cícera Vanessa Maia, Jonas Bach, Marcia Guiotti, Jochen Volz, Cristiana Pinheiro Mattos, Elisa Alkmim, Gudrun Burkhard, Bartira Fortes, Carlos Borges, Claudia Lessa, Rosa e Dick Schoenmaker, Cris Guerra, Johan Af Klint, Hedvig Ersman, Oswaldo Pinheiro Neto, Ivy Frizo, Rosane Rodrigues, Michael Yaari, Caroline de Rosso Constanza Kaliks,, José Carlos Venâncio, Niky Venâncio, Ulf Wagner, Johannes Nilo, Anna Larsson, Wesley Aragão, Aurea Ervilha, Susanne Rotermund, Maria Cecília Antunes, Rosa de Lourdes, Marie Cassel, Anita de Jesus, Selim Nigri, Annie Rottenstein, José Nemer, Rodrigo Cristiano Ventre, Jõao e Viviane Blotta, Pinacoteca de São Paulo, Fundação HAK, Sociedade Antroposófica SP, Equipe Editorial Urbano, Rudolf Steiner Arquivos e tantos outros que me apoiaram.

# Reverência

*Só a lei pode nos dar a liberdade.*
J.W. Goethe

Hilma af Klint era um nome totalmente desconhecido para mim. Sempre gostei muito de arte, filosofia e poesia, temas sobre os quais desenvolvi meus estudos. No entanto, nunca havia me deparado com Hilma. A trama da História, em seu lado visível, traz em sua urdidura a versão daqueles a quem o tempo permitiu ter voz para narrá-la. Mas o fio da História tem verso e reverso, e, se por um lado alça-se sobre o tecido, por outro mergulha no obscuro esquecimento. Eis que aí encontramos os calados, ou aqueles que não tiveram porta-vozes, ou os que lutam por um lugar ao sol em paciente disciplina, simplesmente sendo coerentes com suas pesquisas e experiências, como obstinados desbravadores do novo.

Hilma foi uma dessas exploradoras. No entanto, ainda temos que nos ocupar em deixá-la falar, sem sermos tentados a reduzi-la aos nossos próprios chavões, preconceitos ou bandeiras.

Deixe-a pesquisadora do sagrado oculto; deixe-a mulher da virada do século; deixe-a artista pluricromática e pluriformas; deixe-a cientista e abstracionista; antropósofa e empreendedora; pintora de paisagens e perscrutadora de fungos e musgos. Deixe-me também inventar um léxico para deixá-la em paz, artista resgatada, cartógrafa do invisível. Esta é a busca de Hilma e a busca de Luciana Pinheiro, que aceitou a aventura: narrá-la como vida, como obra, e fazê-la presente como inspiração nesses tempos mornos, doentes de normalidade.

Assim, por meio da escrita de Luciana, compomos a imagem de Hilma, sempre reverente com seus mestres. Mas seria a obediência uma prisão?

Apenas para aqueles que não passam da superfície por medo da profundidade do mar. A obediência que Hilma devotou aos seus Guias libertou-a, deu-lhe as condições para fazer do invisível visível aos olhos de todos. Deu-nos a chance de percorrer os territórios abstratos e forneceu um caminho de liberdade ao nosso olhar que, conduzido por ela, enfim tornada mestra das cores, leva-nos da natureza à linha e à forma, como música; e da abstração ao átomo para, finalmente, retornar ao musgo e à folha. Retorna, portanto, à natureza, que, graças a Hilma, podemos agora intimamente conhecer.

**Vimala Ananda Jay**

Curadora Literária. Escritora, mestre e doutora em Filosofia Contemporânea pela usP. Desenvolve pesquisas sobre Jean-Paul Sartre, Existencialismo, Fenomenologia, as relações entre Filosofia, Arte e Literatura e Carl Gustav Jung. Integrante do Ungambikkula Tribe.

## Prefácio para terceira edição

*Hilma era*
*mansa, quieta e silenciosa.*
*Eu ao contrário, sempre fui agitada.*
*Ela veio de longe, vivia em uma península polar, eu moro num país tropical.*
*Não é incrível como a arte tem o poder de aproximar os corações mais avessos e distantes?*
*Fomos abençoadas pelo mistério que trança o destino. Aquela força invisível capaz de nos conduzir, quando a razão embola tudo dizendo que não tem sentido.*
*E assim como a ciência e a arte são filhas dos mesmos deuses, nos encontramos no meio do caminho - nas cores da alma!*

*Vem Hilma,*
*Estava à sua espera,*
*Vem com suas cartas náuticas, de um oceano transcendente.*
*Vem, que eu te ensino a sambar.*

# Efeito Hilma

Era urgente contar a história de Hilma, e por esta razão em 2018 ousei publicar este livro antes de saber que a exposição "Mundos Possíveis" estava vindo ao Brasil na Pinacoteca de São Paulo.

Inaugurei a carreira de escritora de forma despretensiosa por não achar justo que uma biografia tão potente estivesse inacessível e movida pelo impulso de que a vida e a obra de Hilma af Klint inspirasse muitos, assim como havia me inspirado. Cinco anos se passaram, e estou lançando a terceira edição no Brasil, em breve a segunda em Portugal, fora os Ebooks em português, inglês e espanhol – lançados em 2020 durante a pandemia.

Apresentei Hilma af Klint em diversos lugares e públicos ao redor do mundo, através de vivências dentro dos museus e academias de artes - começando pela Pinacoteca de São Paulo onde além de ter escrito um artigo para o catálogo da exposição, pude dar palestras e guiar dezenas de grupos.

Em 2018 e 2019 levei dois grupos para Nova York no Gugenheim – cuja exposição solo "Paintings for the Future" foi considerada como o maior público da história do museu.

Apresentei Hilma af Klint para centenas de jovens de toda Europa e Américas no congresso de verão no Goetheanum – Suiça. Dei outras aulas e palestras na Argentina, Portugal e diversos estados do Brasil.

Ao longo destes anos testemunhei o que chamei de *efeito Hilma* - enquanto contava sobre sua vida e seu legado via a emoção e o espanto nos semblantes dos ouvintes e participantes dos workshops. Perdi a conta de quantas vezes escutei: "Eu agora entendo muito do que vivi, eu me sentia estranha também...fui uma criança parecida com ela, eu também desenhava assim..."

Em todos os depoimentos havia a percepção de que o que viveram na maioria das vezes era uma experiencia de transcendência e através da arte e das vivencias de Hilma af Klint, estavam resgatando esta experiência e encontrando uma conexão muito além de crenças e dogmas religiosos.

O efeito que a obra e a vida de Hilma tinham sobre as pessoas, me mostrava que de fato o tempo de ser reconhecida havia chegado, o mundo moderno estava ressecado e havia uma sede para acessar o verdadeiro sentido da existência humana.

E então atravessamos uma pandemia mundial, e eu comecei a dar aulas e palestras online e alcancei públicos em todos os cantos do mundo oferecendo encontros que chamei de "arte meditativa" um caminho de contemplação e prática a partir dos meus aprendizados e pesquisa com a arte de Hilma af Klint. Foram três anos intensos e graças a tecnologia pude encontrar pessoas do mundo todo com buscas e conexões singulares. Muitas destas pessoas se tornaram grandes amigos e parceiros de trabalho e me sinto muito grata por tudo que recebi e aprendi a partir desta mulher a frente de seu tempo que se achava pequena e insignificante.

Ao longo destes anos, a dimensão de sua obra cresce exponencialmente em todo mundo, mais exposições na Asia e Europa, muitos outros livros foram publicados e dois filmes já foram produzidos, além dos fortes debates entre curadores e pesquisadores buscando compreender e encaixar sua arte em algum ponto da história. Uma artista híbrida, diriam os pensadores contemporâneos, eu a chamo de alquimista da alma.

Em tempos de Inteligência Artificial onde o metaverso chega, nos apresentando mundos virtuais de cores e formas inimagináveis, eu sigo acreditando que a vida e a arte de Hilma af Klint serão sempre exemplos preciosos e insubstituíveis para que não nos esqueçamos que além de toda tecnologia, somente o genuíno esforço humano e o impulso criativo individual serão capazes de encontrar as respostas mais profundas para a sobrevivência de nossa alma nesta existência terrestre.

**Luciana Pinheiro**
Junho 2023

# Hilma & Eu

*Aqui está minha vida – esta areia tão clara*
*com desenhos de andar dedicados ao vento.*

Cecília Meireles

## A canção que fez nascer a escritora em mim

Desde muito cedo, biografias me interessavam. Escutar ou ler histórias de vida era sempre inspirador. Criança curiosa, enchia minhas avós de perguntas, querendo chegar até o meu milésimo antepassado. A arte e a devoção religiosa também chegaram logo nos primeiros anos. Nasci em Minas Gerais, reduto artístico e cheio de tradições religiosas. Sobre um solo farto em ouro e envolvida por um mar de montanhas, cresci numa família de engenheiros e atletas. Entretanto, minha alma criativa preferia as cores e os pincéis, e desde muito jovem escolhi a arte como minha via de expressão pessoal e profissional. Ao longo do tempo, consegui integrar as facetas de minha história numa alquimia sagrada em prol do desenvolvimento de outros buscadores. Como terapeuta biográfica, pude unir arte e ciência ao reconhecer as leis universais que sustentam toda trajetória humana e cuja criação pode ser comparada a uma obra de arte inalienável, em aperfeiçoamento constante em sua jornada ao longo da existência.

Quando comecei a pesquisar a biografia de Hilma, a princípio, ela parecia muito distante de mim, em diversos aspectos — desde sua época até a cultura e o local onde havia vivido. O que de comum existia era sua entrega à arte, sua raiz cristã e sua busca espiritual a serviço da evolução pessoal e coletiva. Como eu, ela serviu com amor e devoção a essa missão. Com o tempo, percebi que entre nós havia muito mais semelhança do que eu imaginava.

Graças à metodologia biográfica, com a qual eu já estava habituada a trabalhar em grupos de desenvolvimento, pude colher os elementos e costurar o fio de sua vida. Esta técnica e abordagem envolve essencialmente três aspectos que podem ser observados em uma existência humana ao longo da vida. O primeiro baseia-se no desenvolvimento fisiológico e cognitivo: como essa criança nasceu, como se deu seu desenvolvimento e sua aprendizagem até a idade adulta? O segundo exige um olhar mais profundo para as questões emocionais ou psicológicas: onde e em que condições esta alma cresceu? Como a individualidade se expressou? A cultura da época, as paisagens, as crenças e tradições familiares, os encontros e desencontros, entre outros, são elementos importantes quando se busca reconhecer o amadurecimento anímico na biografia de alguém. O terceiro aspecto consiste em buscar reconhecer ao longo da trama de vida quando e como as ondas do destino trouxeram desafios para aquela pessoa, e o que surgiu em consequência disso: que escolhas e mudanças aconteceram? Através de novos encontros, impulsos e situações — muitas vezes alheias e inesperadas —, é possível observar quais qualidades foram exigidas e quais forças ativadas geraram mudanças e novas atitudes. Neste sentido, podem-se reconhecer os desdobramentos desta alma em ritmos e ciclos, repetitivos ou metamorfoseados. A partir deste processo de elaboração da consciência e aprendizagem do destino, revela-se a essência espiritual.

Dessas imagens, surgem arquétipos primordiais.

Embora estes submetam-se a leis dentro da evolução natural de toda existência humana — como aprender a andar e falar, ou pensar e gerar... —, possuem em si nuances particulares. Considerando toda a complexidade inerente à história pessoal, que envolve condições imutáveis como a herança genética, por exemplo, esta abordagem busca encontrar o ouro na existência de cada ser humano e sua preciosa e verdadeira missão. Essa foi a base metodológica na minha pesquisa sobre a vida de Hilma af Klint. Não foi uma tarefa simples. À medida que avançava, percebia o grande desafio que ultrapassava a linguagem e a distância. Além das questões técnicas, precisei transpor oceanos – literal e imaginativamente. A começar pelo fato de que, ao contrário de seu legado artístico criteriosamente organizado, pouco ou quase nada foi encontrado sobre sua vida. Ela não queria ser lembrada, e por isso destruiu tudo que fosse íntimo. Arrancou páginas de diários e as cartas poupadas estavam em outras mãos. Dizia que somente sua obra deveria sobreviver ao tempo. Setenta e quatro anos após sua morte, o que restou é fruto de registros e depoimentos ditados pela família e outros poucos relatos dos que conviveram de perto com ela e ainda estavam vivos quando seu passado começou a ser investigado.

Foram dezenas de diários escritos à mão em sueco do século passado, recheados de símbolos, letras e códigos herméticos difíceis de decifrar até para aqueles que dominavam o idioma. Existem pouquíssimas referências bibliográficas sobre sua vida. O que de acessível encontrei até 2013 estava fragmentado demais para se construir uma imagem consistente e coerente. Foi como escavar em um sítio arqueológico. Mas eu simplesmente não consegui parar, era um chamado interior que não me dava sossego. Mesmo avançando a passos lentos, uma série de situações e coincidências foi me levando de um ponto ao outro, não me deixando desistir.

Tudo começou em 2008, quando levei um grupo de artistas e terapeutas a percorrer o caminho dos impressionistas na França. Visitando a exposição *Traces du Sacré* no Centro Georges Pompidou de Paris, me deparei com alguns grandes painéis da série *As Dez Maiores*. Estavam dispostos ao lado das lousas de Rudolf Steiner, de obras de Kupka, Mondrian, Kandinsky e Malevich. Naquela mesma época, acontecia, concomitantemente, uma singela mostra no *Centre Culturel Suédois*, com obras de Hilma af Klint sob o tema *Une modernité révélée.*

O impacto que aquelas obras tiveram em mim foi irremediável. Eu contemplava suas pinturas como um analfabeto olha para um livro, tinha uma imensa vontade de penetrar naquilo como se fossem mapas que poderiam me levar para um lugar mais profundo ou mais alto que eu sempre busquei alcançar. Uma parte de mim descansava diante das pinturas, outra dançava e uma terceira parte se sentia intrigada em saber os motivos que impediram que elas fossem reveladas ao mundo, até que o tempo determinado se cumprisse. Era urgente contar a sua história, e tenho certeza de que quem já esteve diante de algumas de suas obras pode entender o que senti. Elas ressoam e, como esfinges, querem falar sobre os mistérios que ficaram guardados esperando mais de meio século até que almas acordassem para escutar.

Ao voltar para o Brasil, como artista e terapeuta biográfica, busquei mais informações sobre Hilma e sua obra, mas naquela época nem o Google tinha mais informações do que o que eu havia conseguido no catálogo da exposição de Paris. Ao clicar em seu nome, nada aparecia a não ser algumas poucas linhas numa língua sueca ininteligível para mim.

Em 2013, o Moderna Museet de Estocolmo apresentou *Hilma af Klint, A Pioneer of Abstraction*, uma grande mostra que durou quase um ano. A partir dali, alguns olhos se abriram para reconhecê-la, sua obra viajou por museus de Berlim, Veneza, Londres, Nova York, mas ainda com um olhar muito reduzido ao produto das telas. Segundo escritos da própria Hilma, as imagens eram apenas molduras para o verdadeiro conteúdo espiritual que ela desejava revelar, seria preciso um olhar mais focado em seus escritos e em sua trajetória espiritual através da arte. Nesta investigação despretensiosa, o destino trouxe uma série de sincronicidades. Uma amiga que estava terminando seu doutorado veio se hospedar na minha casa e acabou me levando para uma aula na Unicamp, onde conheci o professor Jonas Bach (autor do posfácio). Foi quando ele me desafiou a escrever um artigo sobre Hilma af Klint. Entretanto, com a quantidade de elementos que se avolumava em torno desse artigo, a ideia evoluiu até se transformar em um livro.

Desde o começo, eu sabia que sem ajuda e uma certa dose de sorte não seria possível realizar este sonho. As conexões chegavam em sequências, facilitando cada etapa em coincidências tão impressionantes que, se as contasse em detalhes, já daria outro livro.

Nesta sintonia, em 2015 fui parar na Escandinávia, hospedada por uma sueca - Jean Willinger, que havia morado no Brasil e falava português. Graças a isso, conheci de perto os ambientes em que Hilma viveu, em Estocolmo e arredores, e entrevistei o curador e pesquisador de seus diários. Também visitei o museu Henie Onstad Kunstsenter, localizado próximo a Oslo, na Noruega, uma das grandes exposições que a Fundação Af Klint promoveu no mesmo ano. Como a maioria das informações estava em língua sueca ou alemã, investi em diversas traduções, desde livros a artigos relevantes que me foram indicados na época. Foi preciso construir uma conexão com os tradutores, pois algumas vezes precisei explicar conceitos esotéricos para que conseguissem entender o sentido do conteúdo que traduziam.

Foi fundamental o apoio irrestrito de Johan af Klint e Hedvig Ersman através da Fundação Hilma af Klint, na Suécia, disponibilizando documentos, arquivos e imagens, além dos incontáveis *e-mails* trocados, cujas inúmeras perguntas eram sempre respondidas, trazendo ingredientes novos para a narrativa. O desafio de se contar uma biografia é imenso, tendo em conta que é preciso ter um viés cientistífico para se descrever com seriedade os fatos da forma mais objetiva e isenta possível. Para tal, precisei reunir informações que estavam espalhadas e fragmentadas em depoimentos dentro de contextos e pontos de vista muito diferentes, às vezes até polares.

Com isso em vista, em 2016 e 2017, estive no Goetheanum, na Suíça, para seguir com a outra etapa da pesquisa biográfica, que envolvia a relação de Hilma com Rudolf Steiner e a Sociedade Antroposófica. O tema era polêmico e obscuro, invocando um olhar mais aprofundado no palco onde ocorreram mudanças significativas que afetaram a trajetória e as escolhas da artista. É importante ressaltar que todo o tempo construí a narrativa baseada em fatos reais. No entanto, aquilo que não pôde ser totalmente comprovado, descrevo como evidências e suposições discriminadas ao longo da história. Em algum momento do processo, a artista em mim quis contar algumas passagens de forma bela e não simplesmente dentro de uma cronologia descritiva. Inspirada nos momentos importantes e determinantes em relação ao fio de sua vida, me permiti criar algumas cenas poéticas. Especificamente na primeira e na última parte deste livro desenvolvi a atmosfera dos eventos, que, mesmo baseados em verdades, são descritos como quem pinta com cores novas, criando sobre um antigo retrato. A partir do segundo capítulo até o sexto, tudo que ali se revela é fruto destes longos fios remendados e bordados com certos trechos poéticos facilmente reconhecidos dentro do texto.

Por acreditar que não se pode abordar a vida de alguém dissociada de sua obra, tentei ser a mais respeitosa e delicada que pude em consideração ao seu desejo de não ficar exposta. Descobri que não é possível desvincular a vida desta artista, cientista, mística e mulher de tantos mistérios e tons de sua obra igualmente rica em detalhes e metamorfoses.

Acredito que o grande legado que recebemos de Hilma af Klint é o de que sua obra possa hoje ser apresentada a públicos das mais diversas culturas e idades, independente de gênero e capacidades intelectuais. Suas imagens alcançam o imaginário simbólico e transcendente, permitindo um diálogo puro e profundo com os arquétipos da alma humana. Ainda há muito a contar e explorar, e todos que se dispuserem a contemplar e absorver este conhecimento com certeza serão beneficiados. Por isso, escolhi começar pela biografia neste livro: *As cores da alma – a vida de Hilma af Klint*. Este é apenas o primeiro passo do longo caminho de investigação, no qual sigo me aprofundando, em que a obra e os conteúdos espirituais serão a missão do próximo livro – *A alma das cores* –, ainda em processo de pesquisa e elaboração.

Não há nenhuma expectativa de que esse livro seja um argumento para comprovar ou incluir Hilma af Klint dentro da história da arte como a mãe do abstracionismo ou como a pioneira que precedeu os pais do movimento modernista. Esta não é a minha luta mesmo sendo artista, e não creio que fosse também a dela. Ela era uma mulher que escolheu trilhar sua evolução partindo de perguntas existenciais muito além de sua própria vida terrena, buscou o significado da vida da alma e do espírito e, neste sentido, tanto a arte quanto a ciência estavam juntas nessa busca silenciosa e incessante. Uma artista híbrida, diriam os pensadores contemporâneos, eu a chamo de alquimista da alma.

Houve um tempo em que sacerdotes e magos desenhavam as imagens e símbolos que acessavam, eles eram os tradutores de mensagens àqueles que não tinham as mesmas capacidades. Estes mesmos xamãs, hierofantes ou mahatmas, dependendo de como seu povo os nomeava, eram os curandeiros, os alquimistas, que sabiam usar os elementos da Terra em comunhão com os sinais das estrelas, do sol e da lua. Transmissores de toda sabedoria, representavam a memória da humanidade. Interpretavam sonhos e tinham o poder de orientar as almas cegas e inconscientes. Com o tempo, todo este poder foi se diluindo ou sendo transformado. Guerras religiosas, políticas e tantas outras lutas de conquistas e poder inauguraram os séculos XVIII e XIX com novas safras de pensadores. Darwin, Goethe, Newton e tantos outros buscavam iluminar as trevas de uma era que se via em meio a pestes e à necessidade de organizar uma nova sociedade. Numa época em que o materialismo foi compartimentando os ensinamentos milenares, separando as artes das ciências, na contemporaneidade, podemos hoje voltar a ver de forma holística, ampliando a visão sistêmica para esta tríade que vai além da religião ou das acadêmicas matérias e suas seções.

Sei que falo a partir de um ponto de vista específico. Este livro não descreve a história de uma época além das fronteiras da Europa. Mas convido você que me lê a pensar a partir de outras perspectivas; por exemplo, quando descrevo o desenvolvimento cultural e econômico de um país como a Suécia, quais eram as condições de vida e de desenvolvimento em nossa América do Sul, naquele mesmo período?

Onde estavam as mulheres brasileiras e o que faziam enquanto Hilma pintava numa ilha em plena Primeira Guerra Mundial? Essas reflexões são relevantes a partir do ponto em que a obra de Hilma af Klint é universal, atemporal e sua mensagem é para todos os seres humanos. Não seria também essa a missão da arte e da ciência?

Enfim, descobri mais um ponto em comum entre mim e Hilma: só queria escrever sua biografia e sair silenciosa de cena. Foi quando ganhei mais esse grande aprendizado: quando se entrega de corpo e alma a uma tarefa, com boa vontade em revelar a beleza, bondade e verdade do ser humano, uma parte sua está ali espelhada. É preciso responsabilizar-se por tudo que criamos, é indispensável colocar nossa cara e assinar nosso nome, assumir as consequências.

Pois bem, Hilma af Klint, eis-me aqui, agora publicamente exposta. E me resta simplesmente pedir que este livro seja aceito como uma oferenda no altar de seu espírito, em gratidão por tudo que recebi e aprendi com sua vida e seu exemplo de determinação e humildade. Desejo que sua história inspire e toque os corações de todos até que se transforme em uma canção, que seja, tal como cantou o poeta de minha terra, Milton Nascimento: "...uma canção que faça acordar os homens, e adormecer as crianças...".

**Luciana Pinheiro**

*Melhor do que a criatura,*
*fez o criador a criação.*
*A criatura é limitada.*
*O tempo, o espaço,*
*normas e costumes.*
*Erros e acertos.*
*A criação é ilimitada.*
*Excede o tempo e o meio.*
*Projeta-se no Cosmos.*

Cora Coralina

# Sumário

# Anunciação

*Ouve-me, ouve o meu silêncio.*
*O que falo nunca é o que falo*
*e sim outra coisa.*
*Capta essa outra coisa*
*de que na verdade falo*
*porque eu mesma não posso.*

Clarice Lispector

*A tarde apenas começava, mas em pouco tempo o sol já iria se deitar. Ela fechou rapidamente a porta depois de se despedir de Hedvig para evitar que o vento frio invadisse seu pequeno apartamento na região de Djursholm.*

*Mas resistiu em fechar as cortinas. Gostava de olhar as cores que a paisagem pintava nas folhas. A paleta de tons ferrosos contrastando com as sombras azuladas. O pequeno cômodo estava decorado com poucos móveis, uma mesa em frente à janela com duas cadeiras, o aquecedor próximo à alcova, uma cama fechada, muito comum nos países do norte da Europa, abrigo seguro para dias muito frios. Um pequeno altar, uma cruz branca e uma fotografia. Na outra parede, uma estante antiga e alguns livros.*

*Foi uma decisão acertada ter se mudado para perto de sua prima, pensou. Pela primeira vez, assumia que estava frágil e velha demais para morar isolada. Hedvig era uma mulher prestativa, e a vida em Estocolmo tinha suas comodidades, seu senso prático seguia inalterado.*

*Além do mais, ela andava esquecida, fatigada depois de tantos anos preparando e revisando cada caderno de notas, organizando cada pintura. Lembrou-se*

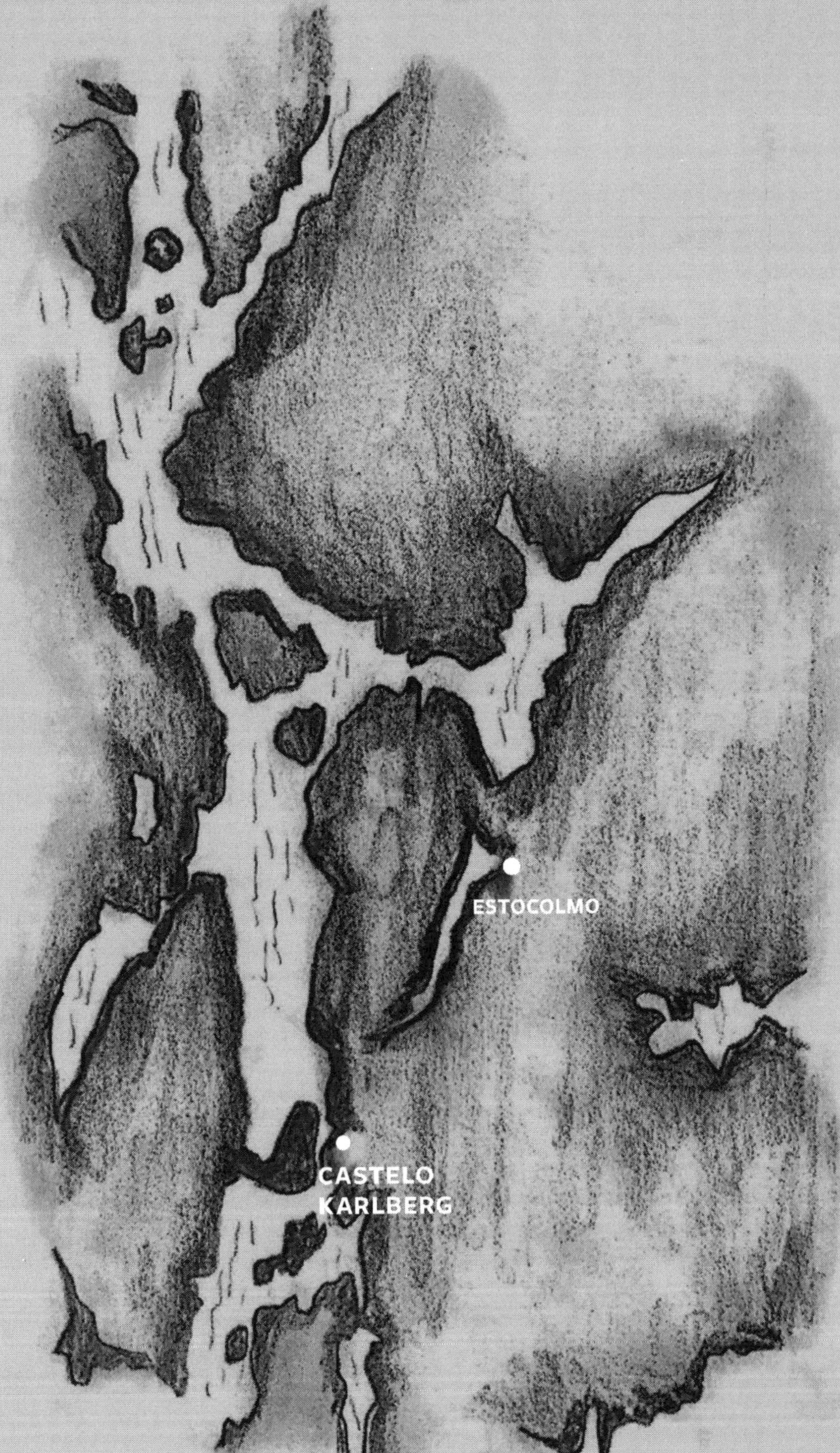
ESTOCOLMO
CASTELO
KARLBERG

*daqueles que já haviam deixado este plano; naquela fase de sua biografia estava sozinha para cumprir a tarefa que havia assumido há tantos anos.*

*O silêncio preenchia todo o espaço. Olhou para o vaso de flores com que Hedvig gentilmente havia lhe presenteado — lírios brancos. Estava completando 80 anos naquele dia e lembrou-se de quando cuidava do jardim na casa de campo, na ilha de Munsö. Ela recolhia os bulbos de lírios antes do inverno e os guardava dentro de casa para plantá-los no ano seguinte. Eles podiam ficar guardados por um longo tempo, no escuro do armário ou no fundo da gaveta, mas, quando colocados de volta na terra no tempo certo, floresciam.*

*Subitamente, esta imagem lhe acalentou, pois assim também seria com sua obra: ficaria guardada em silêncio, esperando o tempo certo de desabrochar aos olhos do futuro. Ela desejou com todo seu coração que um dia houvesse pessoas capazes de reconhecer e ler o valor daquelas mensagens pintadas e daquelas palavras guardadas como pergaminhos sagrados. Ela não tinha encontrado todas as respostas para as perguntas que carregava desde a sua juventude, e a visão da finitude terrena exigia dela determinadas decisões.*

*Erik era seu sobrinho querido, filho de seu irmão, e nos últimos anos era com ele que gostava de falar sobre tudo o que vivera, nele confiava e sabia que era um homem sensato. Ela havia atravessado sua existência como uma estranha para muitos, inclusive para seus familiares. Poucos seres humanos de fato conseguiram penetrar em sua essência. Esperava que seu sobrinho aceitasse a missão a ele destinada.*

*A sala foi ficando cada vez mais escura, e sua silhueta dava a sensação de ser a de uma criança, de tão pequena. Ela sentou-se em sua mesa de frente para a janela, a rua ainda estava silenciosa, era uma quinta-feira e as crianças em breve sairiam, quebrando o silêncio após o turno escolar.*

*Acendeu o abajur e começou a escrever. As palavras deslizavam sobre o papel, estava lúcida e não queria perder nenhum detalhe. Levantou os olhos para a janela, já não via mais a rua, a escuridão de fora refletiu seu rosto, encarou seu semblante espelhado no vidro, olhos azuis límpidos como duas contas de vidro. Um som de crianças surgiu de algum lugar ali perto. E, de repente, de dentro daquela velha dama, que nunca se permitiu devaneios, saltou uma menina inocente, correndo nos campos da fazenda de sua infância.*

# Cores da alma

*[...] Então começou Bess: "Donzela, sentada sobre os ombros do corcel, diga-me, derramando em tua volta palavras de resposta, qual é o teu nome, e de que linha de arte tu nasceste?"*

*[...] "Não fique comovido com minha aparência e incomum tamanho. Pois minha substância às vezes é mais fina, às vezes mais ampla; ora escassa, ora abundante; e eu altero e modifico a meu gosto a condição do meu corpo, que ao mesmo tempo encolheu e em outro tempo se expandiu: agora minha altura sobe aos céus, e agora eu me estabeleço em um ser humano, sob uma forma mais limitada".*

Livro de EDDA da Mitologia Nórdica – Völuspá
A Profecia da Mulher Sábia ou A Profecia do Vidente

*A menina nasceu em um castelo cercado de lagos e jardins, onde o sol não se põe no verão, e no inverno a noite não tem fim. Era um lugar onde há muito tempo existiram rituais e magias, onde gigantes, vikings, sereias e trolls deixaram suas epopeias gravadas nas pedras que até hoje podem ser encontradas por ali...*

Como em um conto de fadas, foi assim mesmo que a menina Hilma chegou ao mundo. A Escandinávia é uma península situada onde a Europa encontra o Ártico. É uma terra cheia de histórias, polaridades e beleza natural, de gêiseres que espirram fervuras do fundo da terra a fiordes glaciais, onde os dias parecem noites e refletem cores luminosas

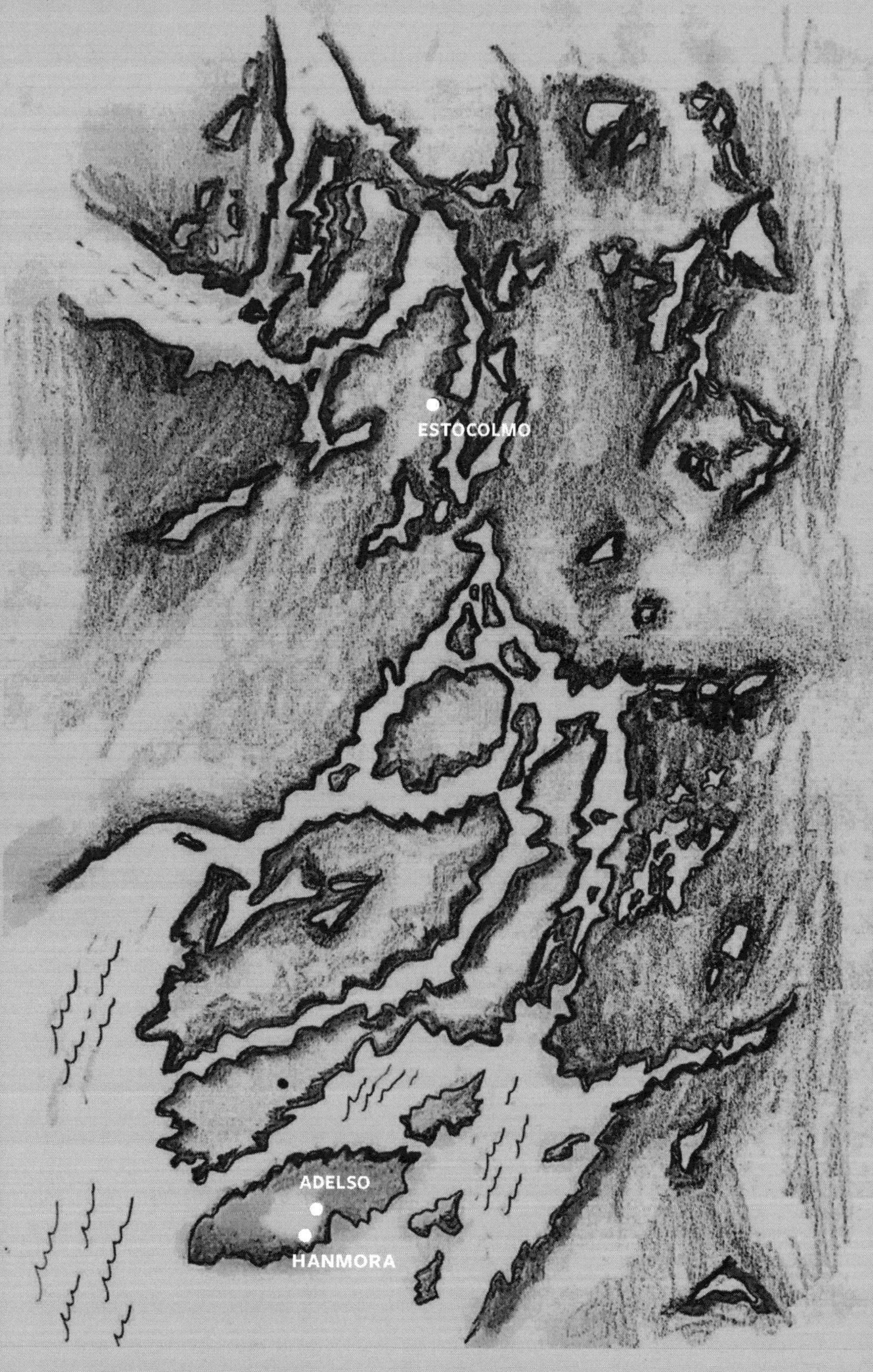
ESTOCOLMO
ADELSO
HANMORA

que dançam no céu. Quem sabe se, puxando os elos desta corrente, chegaríamos às origens de seus antepassados vikings, ou druidas que haviam estabelecido suas colônias naquelas terras frias?

O castelo onde a menina nasceu é um dos maiores da Suécia, fica no município de Solna, na região de Karlberg, palavra que significa "montanha de calcário". Construído em 1630, às margens de um canal do mar Báltico, foi a residência do casal real Gustav iii e Sophia Magdalena, que o recebeu como presente de casamento em 1766. Ao longo daquele reinado, o parque do palácio ganhou um laranjal, um lago, fontes e labirintos no jardim, copiando o estilo barroco francês em moda na época. Escavações descobriram em suas terras, entre outras relíquias, runas antigas e fragmentos de um templo a Diana, a deusa caçadora, filha de Júpiter.

Em 1790, a propriedade foi transformada em uma academia militar, sendo reformada e ampliada com novas alas para acomodar as famílias dos oficiais e seus cadetes. O novo palácio, em forma de H, apresentava duas alas e um terraço de frente para o mar, enquanto as alas voltadas para o norte formavam um pátio fechado e uma igreja foi criada na ala leste. Durante a década de 1860, além dos sons dos barcos a vapor, que atravessavam os canais da região transportando pessoas e provisões, chegavam as locomotivas invadindo as terras do castelo com seus sons metálicos.

Foi ali, na ala oficial da marinha do reino da Suécia, que nasceu a menina batizada Hilma, cujo nome significa "a protetora do povo". Há significados ainda mais precisos como "alma trabalhadora, prestativa e cuidadosa" — mais à frente, atestaremos o quão verdadeira é a essência deste nome.

Era outono na região de Solna. O frio chegava nas asas do vento, o sol nascia às dez da manhã e, sem tempo suficiente para aquecer a Terra, deixava seus raios dourados partindo perto de quatro horas da tarde. Foi ali, de frente para um braço de mar, que ela escolheu nascer, em uma sexta-feira, dia dedicado a Vênus, em 26 de outubro de 1862. A paisagem estava pintada de cores frias acinzentadas, vermelhos vivos e pinceladas de amarelo-ocre, que tingiam as florestas ao fundo.

Nascer em um castelo não fazia dela uma princesa, tampouco seus pais eram da realeza, embora o sobrenome af Klint concedesse a eles um título socialmente privilegiado. Seus antepassados foram oficiais da marinha desde meados de 1700, participando na Guerra Naval de Gustaf iii com a Rússia em 1788–1790. Seu bisavô paterno recebeu em 1805 o título de nobreza do rei pelos serviços prestados na carreira militar. Foi assim que a família Klint passou a se chamar af Klint. Desde o século xvi, muitos integrantes dessa família eram fazendeiros do sul da Suécia. Além de camponeses tradicionais que viviam do cultivo da terra, como boa parte do povo daquela região, havia também clérigos protestantes e oficiais militares.

O pai de Hilma, Fredrik Victor af Klint, era um capitão descendente direto de seis gerações de oficiais navais que haviam cartografado os arquipélagos e as águas profundas do mar Báltico desde o século xviii. Sua mãe, Andrietta Mathilda af Klint, de origem finlandesa (Sontag), é descrita como uma mulher moderna, prática e cheia de energia para cuidar com pulso firme da casa e dos filhos.

Hilma era a quarta dos cinco filhos do casal. Na época em que nasceu, seu pai tinha exatos 40 anos, e sua mãe, 32. Eles haviam perdido sua primeira filha, Anna, com apenas um ano de vida, e logo em seguida nasceu o irmão Gustav, que tinha quatro anos, e a irmã Ida, que contava dois anos quando ela chegou na família.

Foi neste ambiente que cresceu Hilma. Poderíamos imaginá-la brincando nos jardins do palácio, absorvendo as imagens e os ecos daquela terra cheia de lendas e de magia, mas é pouco provável que ela pudesse explorar a região livremente. Tudo indica que a vida no castelo era estruturada, ela vivia entre os moldes da crença protestante, os cuidados de uma mãe atenta e os limites de uma estrutura militar. Em decorrência do cargo de seu pai, era ali que ela estudava, brincava com seus irmãos mais velhos e, possivelmente, com os filhos dos outros oficiais, que também viviam no grande edifício, com suas famílias. Ao que se conta, as dependências, remodeladas em apartamentos privativos, tinham condições muito mais confortáveis e eram um luxo perto das residências da capital Estocolmo, que na época ainda sofria com o superpovoamento, aliado à falta de serviços de saúde, saneamento e sistema de coleta de lixo, onde o cólera dizimava diariamente crianças e adultos.

Seu pai tinha muito interesse por ciências e matemática. Contam que tinha hábitos simples e era amante da música, tocava violino ocasionalmente e, como oficial naval, tinha acesso às novidades mais recentes e toda sorte de descobertas e modernidades científicas. Parecia ser um homem sensível, e tinha como hobby fazer miniaturas em madeira. Foi do pai que Hilma herdou, além dos límpidos olhos azuis, o grande interesse pela natureza, geometria e matemática. Entre mapas navais, tabelas astronômicas e cartografias, desenhar era uma atividade com que ela provavelmente convivera desde sempre.

Nos verões, quando seu pai ia navegar com os cadetes, ela viajava com sua mãe e irmãos para a ilha onde seus parentes camponeses moravam. Os verões na ilha eram diferentes da vida no palácio, a começar pelo clima, que era ameno, permitindo ficar mais tempo fora de casa, mesmo em dias nublados. Era naquela paisagem deslumbrante que ela podia explorar de perto a natureza selvagem da ilha. Seu sobrinho-neto, Johan af Klint, descreve o lugar que ele, quando criança, desfrutava e amava.

> Era a luz a nossa maior influência. Ao amanhecer e anoitecer, tínhamos o que chamávamos de hora azul.
>
> No início do verão, tudo está limpo. Era uma maravilha: percebíamos o ciclo do ano quando ele morre e renasce... É fácil imaginar a alegria e a liberdade que ela sentia ali. Ela podia brincar por onde quisesse, pescar, velejar e explorar o bosque com alces, veados e todas as espécies de pássaros que ali habitavam desde que se comportasse (Pleijel, 2015, acesso em 2017).

*Era no verão que a quieta menina expandia-se. Seu coração cantava um hino ao sol. Pulava da cama com o burburinho das tias na cozinha da fazenda de Hanmora. Era época de celebrar a colheita, assar pães, biscoitos e outras delícias para o festival campestre. Ela ansiava calada pelo momento em que a vestiriam como suas primas tagarelas. Todas iguais, em suas tradicionais roupas bordadas, coloridas flores saltavam. As meninas corriam pelos campos, cabelos amarrados em tranças, touca vermelha igualmente bordada. Anáguas de algodão impecavelmente brancas e engomadas farfalhavam na ciranda das camponesas. Hilma falava com os olhos, estava feliz, enquanto as mulheres seguiam em direção à vila, acompanhando o passo dos animais mansos que puxavam a carga. Crianças e pães corados acotovelavam-se, acomodados na carroça enfeitada especialmente para aquela ocasião com laços coloridos e ramalhetes. No molejo da estrada entoavam cantigas solares.*

# Tofta

*Casa nas terras da fazenda de Tofta, onde Hilma af Klint se hospedava com sua família nas férias de verão (aprox. 1940)*

*Carroça com fazendeiros nas terras da fazenda de Tofta em 1911*

*Casa da fazenda em Hanmora, com Johan af Klint no jardim, em 1946*

*Fotografia no Lago Anholmen em 1946*

As vivências desta época luminosa desempenharam um papel importante e influenciaram seu olhar sensível e artístico, além de aumentarem sua devoção pelo mundo natural. Desde muito pequena, Hilma já demonstrava interesse pela natureza. Estudava Darwin e Linnaeus com interesse e, a cada verão na fazenda, reconhecia as espécies de plantas e animais em suas explorações pela ilha.

> *Não era agradável viver em um castelo e não poder brincar livremente entre seus canteiros e fontes. Sempre que voltava da fazenda nas férias, sua mãe precisava costurar os bolsos de suas roupas, sobrecarregados pelo acúmulo das pedras e sementes que ela recolhia na ilha e levava consigo, como se quisesse construir a cada ano sua própria ilha. Porém, havia os momentos especiais, quando seu pai a levava até a biblioteca da escola militar. Conservando o suntuoso ambiente desde a época em que reis ali habitavam, a biblioteca tinha imensas estantes talhadas em madeira escura. A luz entrava pelas altas janelas da ala norte e a poeira brilhava no facho de sol projetado sobre a mesa como pó de ouro. Ela sentava-se ao lado do pai e juntos liam os livros de ciências, cheios de imagens botânicas e espécies catalogadas. Aqueles momentos com seu pai, o amor pelos livros e o cheiro das bibliotecas ficariam guardados para sempre em sua memória.*

Carl Nilsson Linnaeus (1707–1778) foi um botânico, zoólogo, médico e cientista de renome na Suécia. Ficou conhecido por criar a taxonomia moderna (a nomenclatura científica, usada até hoje) e foi um dos fundadores da Academia Real de Ciências da Suécia. A amplitude de seu conhecimento, no entanto, estendeu-se além das fronteiras da ciência e foi reconhecida por figuras essenciais do pensamento moderno, como Goethe, que o considerava uma de suas maiores influências, ao lado de Shakespeare e Espinosa.

> Quando a natureza sadia do homem atua como um todo; quando ele se sente no mundo como num todo grande, belo, digno e valioso; quando o bem estar harmonioso lhe proporciona um encantamento livre, então o próprio Universo, se pudesse sentir a si mesmo, alegrar-se-ia como se tivesse cumprido sua missão, admirando o auge de sua evolução e de sua essência (Goethe apud Steiner, 2014, p. 17).

O olhar da menina Hilma, no entanto, não estava voltado apenas para os mistérios naturais. Ela herdou de seus antepassados uma outra visão que lhe permitia enxergar além dos sentidos básicos. Desde cedo, tinha visões e contato com forças espirituais. Provavelmente ela conviveu com a angústia destas visões e, a julgar pelo seu olhar em uma das únicas fotografias de sua infância, era dotada de um temperamento introspectivo e devia ser uma criança mais calada. Quando pequena, viu dois caixões em seu quarto, e sobre os caixões datas estavam escritas. Mais tarde, ela descobriu que nestas duas ocasiões ela adoeceu gravemente e chegou perto da morte (fant, 1990, p. 16).

Segundo conta seu sobrinho Erik af Klint ao historiador Åke Fant, ela era tímida e cuidadosa antes de entrar em contato com novas pessoas. Desde pequena percebia a presença de seres espirituais. O contato para ela era tão natural que às vezes recorria a eles para pedir conselhos e ajuda quando precisava. Como exemplo, ele mencionou que uma vez decidiu aproximar-se de uma determinada moça somente se ela, no caminho para casa, encontrasse um centeio duplo, que é uma raridade. Ela encontrou vários.

Hilma pressentia frequentemente o que iria acontecer. Quando ela tinha oito anos, a quinta filha do casal, sua irmã Hermínia, nasceu. Podemos imaginar que naquela idade ela tenha nutrido um amor especial por aquele bebê. Seus irmãos estavam entrando na adolescência e, provavelmente, já tinham demandas e interesses diferentes que os distanciavam dela.

> *Uma noite, os anjos apareceram e lhe contaram que ela receberia um presente. Logo depois, chegou sua irmãzinha, e só ela sabia que Hermínia era seu presente do Céu. Agora ela tinha um pequenino anjo que dormia ao seu lado, um bebê tenro e doce como os pêssegos, ela acariciava sua pele e o embalava como se fosse só seu...*

Era o ano de 1872, a pequena Hermínia tinha apenas dois anos e Hilma, dez, quando a família foi transferida para Estocolmo. Estabeleceram-se primeiro em Norrtullsgatan e depois em Badstugatan (atualmente Sveavägen).

No alvorecer do século xix, a Suécia havia saído há pouco da condição de país relativamente pobre e subdesenvolvido, diante do cenário de uma Europa cada vez mais industrializada. Estocolmo se formou a partir de um assentamento viking, cuja arte naval, até a era medieval, desenvolveu estaleiros e o comércio marítimo, estabelecendo conexões com o Oriente e com muitas culturas. Incrustada num arquipélago de 14 ilhas unidas por mais de 50 pontes que interligam seus canais, a capital inaugurava neste momento uma fase de modernização. Bairros inteiros estavam sendo restaurados com uma estrutura de gás, água corrente e esgoto, embora na periferia da cidade o sistema de pavimentação ainda estivesse sendo construído. As ferrovias também se expandiam e as ruas contavam com o transporte de bondes públicos puxados a cavalos.

O país buscava a modernização a partir do aprimoramento do sistema educacional. Os avanços pretendidos pelo governo sueco faziam-se notar nas políticas educativas. Começaram a surgir as escolas politécnicas, museus, sociedades científicas e grandes gênios. Estudar era um prazer e uma possibilidade oferecida a todos. Inclusive às mulheres.

Em seus primeiros dez anos de vida, Hilma deslizou pela infância entre os verões na ilha e a vida no palacete da academia militar. A mudança para a capital deu a ela novas paisagens e perspectivas. Começou a estudar na Escola Normal para Meninas (*Normalskolan för flickor*) em Riddargatan, uma rua de Estocolmo.

Sua nova casa tinha uma atmosfera diferente do antigo apartamento no castelo. Seus pais eram hospitaleiros e apreciavam a vida social. Frequentemente recebiam amigos e parentes. O ambiente era harmonioso, havia música e as novidades que chegavam em profusões naquela época eram debatidas. O momento histórico era de incríveis inovações tecnológicas e científicas e em momento algum na história da humanidade as notícias chegavam tão velozes ao público em geral.

*A menina crescia silenciosa aos olhos dos adultos, que não percebiam seu desabrochar de moça em sua aparência pequena. Naquelas noites alegres, quando seu pai ao violino acompanhava sua mãe ao piano, ela se apresentava na sala servindo os convidados e escutando as conversas. Seus irmãos mais velhos, extrovertidos, inseriam-se naturalmente nelas. Despercebida, Hilma captava com interesse as discussões científicas e políticas que borbulhavam entre os cavalheiros, enquanto as senhoras se ocupavam com a quermesse da igreja e trocavam receitas e os últimos periódicos femininos.*

*Hilma af Klint (aprox. 1874)*

Desde a adolescência, Hilma passou a buscar um caminho devocional, no qual pudesse se colocar a serviço de algo maior e servir aos princípios cristãos. Durante os verões, sempre que voltava para as férias na fazenda da família, em Hanmora, ela e sua prima Aurora Helleday davam aulas de catecismo na Escola Dominical, onde contavam histórias dos Evangelhos para as crianças da ilha de Adelsö. Registros contam que elas eram muito queridas pelas crianças. O ano de 1880 trouxe grandes mudanças na vida da jovem Hilma. Uma terrível gripe abateu a filha mais nova da família af Klint, Hermínia. Hilma, na época com quase 18 anos, acompanhou tudo com muita aflição e viu sua irmã caçula morrer antes de poder completar dez anos de idade.

> *Assim como fazia quando Hermínia era bebê, ela cuidou da menina doente. Contou histórias, alimentou-a e cantarolou suas músicas preferidas... A menina abria e fechava os olhos em pálido delírio febril. Foi quando viu pela primeira vez sua mãe chorar em desespero, ao ver os médicos saírem vencidos. Ela se debruçou aos pés da cama e chamou: meu anjo amado, minha pequena pérola... Por favor, não me deixe aqui sozinha... você é meu presente... Oh, Deus... o que fiz para ser punida assim...*
> *Uma noite, ela estava acordada ao lado da cama quando Hermínia abriu os olhos e sorriu para ela. Nesse momento ela viu os mesmos anjos de anos atrás carregarem a alma de sua menina, deixando um rastro de luz colorida no quarto e um perfume que ela nunca mais sentiu igual.*

Embora seu vínculo religioso cristão fosse muito forte, o protestantismo não conseguiu ampará-la por aquela perda. Sua família nunca demonstrou interesse em explorar novos mistérios, mesmo que no passado se soubesse que o avô de seu pai, antes de dar seu último suspiro, teria profetizado a morte de um de seus filhos, o tio de Hilma, em naufrágio em alto-mar. Para seus pais, que vinham de uma religião protestante calcada em dogmas rígidos, vivências com o oculto não eram discutidas abertamente na família. Havia um estranhamento em relação às visões que ela, quando criança, ingenuamente compartilhava.[1]

A perda de Hermínia foi um divisor de águas que intensificou sua busca pela compreensão do outro lado. A necessidade de fazer contato

[1] Segundo insinuações do sobrinho de Hilma, Erik af Klint em depoimento a Åke Fant (1990, p. 43).

com o mundo dos mortos tornou-se urgente. Cheia de perguntas e sem consolo espiritual, ela começou a frequentar sessões espíritas. Embora fosse uma exceção em sua família, Hilma não era a única que tinha o interesse pelo acesso a novas formas de encontrar o inominável. Na virada do século, assim como em outras regiões da Europa que haviam vivido sob a doutrina protestante de Lutero, o movimento espírita – estabelecido nos Estados Unidos em 1848 pelas irmãs Margaret e Kate Fox – e outros movimentos espiritualistas, como a ordem Rosa-Cruz[2] e a Teosofia, começaram a espalhar-se, atraindo o interesse pela transcendência e pelo entendimento do mundo suprafísico. O ocultismo e as últimas descobertas da ciência caminhavam lado a lado, completando-se em suas pesquisas e investigações. Ambos eram considerados caminhos de igual valor em sua procura por realidades até então invisíveis, pois tinham como objetivo, acima de qualquer dogma, o conhecimento.

Mediante todo o acúmulo de acontecimentos contraditórios e complexos desse período, os terrenos estavam férteis para a criação de conceitos e descobrimentos nos campos das artes, da ciência e da religião. Em pleno século xix, a euforia tecnológica propagada pela Revolução Industrial demarcava um período de ascensão nas mais diversas áreas de pesquisa e em todos os seus campos. Neste frenesi, a profusão de correntes esotéricas e atividades alternativas e não convencionais atraíam tanto a classe abastada, e culturalmente interessada nestas incríveis inovações científicas, quanto as massas de trabalhadores e camponeses que migravam do campo para as cidades, onde emergia a carência de mão de obra operária para a nova era industrial que surgia. Não era raro encontrar membros das famílias da aristocracia sueca reunidos em suntuosos salões para participar das chamadas sessões, nas quais se praticava a escrita automática, presenciavam-se fenômenos paranormais e conversava-se com falecidos parentes. Por outro lado, havia os que se voltavam para as associações ocultistas para estudar seriamente os fenômenos. Eram os chamados Iniciados e Líderes Espirituais das lojas esotéricas, como a Maçonaria e a Teosofia. Vale notar que nesta época, enquanto

---

[2] Rosa-Cruz é uma das formas iniciáticas da atualidade, cujo caminho consiste em sete passos, a saber: 1. estudo; 2. aquisição do conhecimento imaginativo; 3. leitura da escrita oculta; 4. integração no mundo espiritual circundante; 5. conhecimento das relações entre o microcosmo e o macrocosmo; 6. identificação com o macrocosmo; 7. vivência global das experiências anteriores como disposição anímica básica (setzer, 2008, p. 277).

os espíritas procuravam entrar em contato com os mortos, buscando mensagens de cunho mais pessoal, os espiritualistas procuravam contatar espíritos iniciados e guias, buscando conhecimento universal.

Havia também aqueles à procura de entretenimento barato e sensacionalismo, e a estes eram oferecidos os espetáculos de ilusionismo. Nestas apresentações, com a ajuda de alguns recursos tecnológicos, truques de iluminação e alguns gramas de pólvora, os mágicos faziam desaparecer pessoas e coisas em suas sensacionais apresentações. Assim, nasceu o vaudeville, um tipo de teatro de variedades, acessível a todos, trazendo shows de criaturas exóticas, horror, mágicos, cantores e dançarinos. A imprensa que se desenvolveu também neste período começou a propagar em seus jornais diários notícias cada vez mais fugazes, criando seus heróis, seus monstros e escândalos em toda parte. Foi nesse momento que Houdini tornou-se um dos mais conhecidos ilusionistas da história, capaz de libertar-se de grossas correntes e jaulas até mesmo dentro d'água.

Surge daí a confusão entre essas três formas de contatar o invisível. E caberia a cada indivíduo buscar o grupo que melhor atenderia aos seus anseios, fossem eles de ordem espiritual, pesquisa científica — que em paralelo a esses estudos desenvolvia a psicologia[3] — ou mera curiosidade. Hilma não estava simplesmente curiosa. Ao estudarmos sua biografia fica claro que ela mantinha sua mente aberta para a pesquisa do inconsciente, no entanto, desde muito jovem era criteriosa e, algumas vezes, foi vista como cética diante de determinados fenômenos. Ela se aproximou do Movimento Espírita de Estocolmo, participando de sessões mediúnicas entre 1879 e 1882. No entanto, abandonou o movimento, segundo seu sobrinho-neto Johan af Klint, por não considerar as sessões sérias o suficiente.

A desconfiança de Hilma af Klint acabou se revelando correta, uma vez que, seis anos mais tarde, o espiritismo das irmãs Fox se revelou uma fraude. Em um encontro em Nova York em 1888, Margaret Fox revelou que as inexplicáveis "batidas" ouvidas durante as sessões vinham dos pés e dos dedões das duas irmãs (Johan af Klint, 2017, p. 173).

---

[3] Na época, o espiritualismo era considerado um correlato da psiquiatria, conforme afirma a biógrafa de Jung, Deirdre Bair (2014, p. 67).

O patamar econômico da família de Hilma não era comparável ao das famílias burguesas da alta classe de Estocolmo, no entanto, no mesmo ano em que sua irmã morreu, ela recebeu apoio de seus pais para frequentar aulas particulares de retrato pictórico com Kerstin Cardon — uma retratista popular à época, que tinha muitos alunos particulares (Malm-Borg, 1978, p. 318).

Logo em seguida, ela passou a frequentar a Escola Técnica de Artes, Artesanato e Design, que era, na verdade, um curso preparatório obrigatório para quem aspirava se candidatar para a Academia Real de Belas Artes da Suécia. Aparentemente, este caminho era aceito dentro da classe abastada da sociedade, que via com bons olhos o investimento para o desenvolvimento dos dons artísticos de suas filhas — afinal, um certo refinamento cultural a mais dava *status* aos olhos da sociedade. Teria o drama da perda da filha Hermínia aberto as condições para tal permissão ou havia a expectativa de inserir a tímida moça no clássico roteiro de aprimoramento de dotes para um bom casamento?

Não há como afirmar se a motivação de seus pais foi fruto das normas sociais para a dita "escola de dotes para uma boa moça" ou se eles já haviam percebido nela o interesse genuíno pela arte. Fato incontestável é que ela tinha talento e habilidades.

Aos 18 anos, Hilma era uma jovem de aparência frágil, magra e com estatura baixa, mas com uma forte persistência e determinação. Suas primeiras pinturas, juntamente com seus estudos botânicos em aquarela de 1880 a 1890, testemunharam uma observação precisa e minuciosa. Ela estava atenta às novas possibilidades e tinha o privilegiado acesso às recentes descobertas que chegavam dos mais diversos lugares do mundo.

*Hilma com cerca de 28 anos (aprox. 1893)*

# Anos de Aprendizado

*O maior mérito do homem consiste sem dúvida em determinar tanto quanto possível as circunstâncias e em deixar-se determinar por elas tão pouco quanto possível.*
*Todo o universo está perante nós como uma grande pedreira perante o arquiteto, o qual só merece esse nome se com a maior economia, conveniência e solidez constituir, a partir dessas massas acidentalmente acumuladas pela Natureza, o protótipo nascido no seu espírito. Fora de nós, tudo é apenas elemento. Sim, até posso dizer: tudo o que há em nós também.*
*Mas no fundo de nós próprios encontra-se essa força criadora que nos permite produzir aquilo que tem de ser e que não nos deixa descansar, nem repousar, enquanto não o tivermos realizado, de uma maneira ou de outra, fora de nós ou em nós.*
*[...] Aquilo que herdaste, conquista-o para fazê-lo teu.*

J.W. Goethe

Segundo o sobrinho, Erik af Klint, em seu depoimento para o historiador Åke Fant:

> Hilma era uma pequena mulher magra, com postura reta e gestos vivos. Tinha traços finos, olhos azuis claros, um olhar franco e boca altiva. Era uma pessoa aberta, atenta e interessada em todos os

> acontecimentos de sua época. Independente, com dignidade e força de vontade, ela seguiu o caminho traçado pela vida com uma marcha segura. Não havia em sua natureza traços de sentimentalismo, vaidade ou pieguice. Ao contrário, ela era forte e bem equilibrada, além de ser ascética e vegetariana. Era exigente consigo, consciente de que possuía grandes forças espirituais que moldariam sua vida e a tornariam apta a missões transcendentes. Dizia: "Sou tão pequena, sou tão insignificante, mas dentro de mim transborda uma espécie de força que tem que seguir em frente". E prosseguia: "A vida é uma farsa se uma pessoa não serve à verdade" (Klint, Erik af apud Fant, 1990, p. 16).

Era o ano de 1882. Aos 20 anos de idade, Hilma af Klint era privilegiada, pois enquanto muitas estudantes ao redor do mundo tiveram que esperar para obter a mesma educação que os seus parceiros masculinos, a Real Academia de Belas Artes da Suécia havia aberto as portas para as mulheres, aderindo, após a Grã-Bretanha, a este movimento inaugural da conquista dos direitos das mulheres. Hilma e suas colegas puderam estudar em classes separadas dos estudantes homens.

> *Ela irrompeu o imponente edifício acompanhada de uma dúzia de outras moças que chegavam para a primeira aula. Assustada, mas determinada, subiu as escadas que a levariam ao interior do prédio. Apressada, passou pelo alto portal oval em estilo romano. Os rapazes reunidos no hall as olharam com estranheza... Ela estava entrando num mundo inviolável até pouco tempo atrás, era como se estivesse transgredindo a lei. Sentiu um calafrio em todo corpo. Mas, por dentro, sua alma irradiava entusiasmo. Estava inaugurando um novo espaço... A imagem de Moisés atravessando o mar lhe invadiu, era como a passagem de libertação até a outra margem. Era sua travessia. Um sentimento de confiança apoderou-se dela e imediatamente um calor a invadiu. Sim, era um novo mundo, e este mundo agora também era dela.*

Foi uma escolha controversa e corajosa para a época, porque, embora fossem talentosas e recebessem a mesma educação que seus colegas, as mulheres não eram convidadas para as redes masculinas existentes. Ser artista para uma mulher não era algo a ser levado a sério, era como um passatempo antes de se casar. A Academia era uma instituição masculina.

No final do século xix e início do século xx, prevalecia a visão de que as mulheres pertenciam ainda à esfera doméstica como mães e esposas, só eram criativas para gerar crianças, pois faltava-lhes inteligência. A mulher era vista apenas como aquela capaz de repetir o que os homens já tinham inventado. Para se ter uma ideia das erupções daquele momento, lembremos uma declaração do médico e advogado Anton Nyström, que em defesa dos trabalhadores disse que "a mulher nunca, mesmo no mundo da Arte, poderia competir com o homem". Ele era um cientista, portanto, estava justificado, mas o que dizer do dramaturgo e romancista August Strindberg, também sueco, e seu artigo publicado com o título "A inferioridade da mulher aos homens"?

Juntamente com outras regiões da Europa, a Suécia buscava reconhecer os direitos das mulheres numa sociedade estritamente masculina. Estudos atestavam que naquela época havia mais mulheres do que homens na região, o que provavelmente gerou um maior interesse do Estado em suas reformas governamentais, desde as diversas oportunidades de emprego, até o direito ao ensino superior. Entretanto, é lícito reconhecer também aquelas que pressionavam os governantes, liderando o movimento de emancipação feminina e lutando nas frentes modernistas de direitos das mulheres. Uma delas foi Carin Sophie Adlersparre (1823–1895), fundadora e editora da primeira revista dirigida ao público feminino na Escandinávia. A Sra. Sophie Adlersparre ou Esselde, como era chamada, que também exercia os papéis de dona de casa e mãe, fundou, em 1859, junto de Rosalie Olivecrona, um jornal com o capcioso título de Periódico para o Lar, no qual propagavam, entre outros assuntos, ideias sobre os direitos das mulheres à educação artística pública. Com uma popularidade sem precedentes e sem atrair os olhares do mundo masculino, semearam discussões que despertavam senhoras entediadas pela rotina doméstica, quando suas grandes preocupações se resumiam em encontrar alvejantes eficientes ou inovar o cardápio para, quem sabe assim, chamar a atenção a atenção de seus maridos.

Naquela época, havia um enorme interesse nos trabalhos manuais. As mulheres começaram a se organizar em associações de artesãs por todo o país. Consequentemente, empresas começaram a investir nessas produções, fundando escolas para meninas da classe trabalhadora e gerando renda extra para suas famílias. Assim como no Reino Unido e no resto da Europa naquela época, este processo gerou novos avanços. Aos 20 anos, as mulheres podiam ser emancipadas e se tornavam livres, inclusive para viver com outros homens. Não havia distinção legal entre viúvas e solteiras, e o divórcio já era autorizado. O momento histórico trazia em sua atmosfera uma aura de inovação e entusiasmo. Os ventos da vanguarda sopravam por toda parte. As novas descobertas da ciência revelavam a existência de um mundo invisível. Além do alcance do olho humano, os campos eletromagnéticos, o raio X e os raios infravermelhos inauguravam um novo modo de pensar o mundo. Logo os estudos de Einstein e sua Teoria da Relatividade abalariam os alicerces da Física newtoniana. Até o tempo perdia sua unicidade.

As forças invisíveis modificavam inclusive as cidades modernas, que agora tomavam ares de metrópole. A luz elétrica passou a transformar as noites em dias que podiam ser esticados.

Então, havia todo um universo novo, com eventos que aconteciam muito além do que nossos sentidos podiam captar. Havia um envolvimento generalizado com aspectos invisíveis da natureza, pois as descobertas agora eram propagadas diariamente pela imprensa a um preço acessível. Em 1886, Heinrich Hertz (1857 – 1894) conseguiu enviar ondas eletromagnéticas de um transmissor para um receptor, provando que no espaço existiam ondas que não podiam ser percebidas pelo olho humano. Sua descoberta deu origem mais tarde ao telégrafo e, posteriormente, ao rádio.

Hilma, como outros de sua geração, testemunhou o desenvolvimento da Física Quântica e da Teoria da Relatividade, além do descobrimento do núcleo do átomo e da estrutura atômica. Viu a invenção do rádio e da linha de montagem fabril, que daria início à produção em massa e cunharia o termo “fordismo”. Havia uma atração pelo invisível e por um novo mundo que surgia. Artistas e escritores estavam entre os que reagiam entusiasticamente aos novos modelos de visão e de comunicação. O que essas invenções e descobertas teriam a ver com os artistas? Se repararmos em várias delas, nos debruçaremos sobre o invisível, sobre o que não se vê, mas que estava presente e podia ser conhecido. Na esfera artística, o individualismo e o ritmo frenético dos ambientes urbanos também impulsionavam a criação de novos movimentos.

Influenciadas por essas mudanças, as ciências humanas também observaram o surgimento de novas áreas como a sociologia e a psicologia. O grupo dos surrealistas, particularmente André Breton (1896–1966), voltou-se para o estudo e a experimentação do inconsciente, razão pela qual os sonhos passaram a ser tão importantes em suas buscas. Assim, alguns artistas iriam se voltar ao que não se pode ver, seja em suas obras, seja em suas pesquisas.

O cientista e pensador sueco Emanuel Swedenborg (1688 – 1772), já no século xviii, havia antecipado a psicologia moderna ao explorar o inconsciente em suas investigações sobre a mente humana. Swedenborg uniu sua inspiração de cientista ao estudo da fé cristã. Viveu durante o período do Iluminismo, e sua teologia é um esforço para compreender o mundo do espírito à luz do racionalismo de sua época. Em determinado momento de sua vida, passou a ter visões e a interagir diretamente com forças suprassensíveis. Fundador de uma linha espiritual, encontrou adeptos e adversários, mas influenciou pensadores e poetas, entre os quais Sigmund Freud, William Blake e, mais tarde, Carl Gustav Jung, que desenvolveu os conceitos de arquétipo e de inconsciente coletivo (Silveira, 2011, p. 68).

Ao criarem novas imagens do mundo, que refletiam essas inovações, os papéis e as limitações dos cientistas e dos artistas se entrelaçaram. Começaram a ocorrer manifestações em toda a Europa, a geração mais jovem se revoltou contra o estabelecido. A liberdade individual do artista tornou-se uma necessidade muito mais central do que anteriormente, pois o ponto de partida era a experiência pessoal. Não era para menos, pois o momento era de muita inovação e aquilo que por tanto tempo pareceu sustentar um universo seguro agora desmoronava.

Dentro da Academia Real de Belas Artes em Estocolmo, onde Hilma af Klint naquela época já estava matriculada, estudantes queriam mais do que apenas copiar pinturas clássicas do Museu Nacional e desenhar retratos e paisagens nos moldes antigos. Assim, também os artistas graduados exigiam mais exposições. Artistas graduados e respeitados, como Ernst Josephson (1851 – 1906), Carl Larsson (1853 – 1919) e Eugène Jansson (1862 – 1915), haviam estudado na mesma Academia de Belas Artes entre 1869 e 1876 e eram alguns dos líderes do movimento e respeitados pintores daquela geração.

Sem se manifestar abertamente a respeito dos assuntos polêmicos de sua época, não me parece que Hilma estava interessada nesta luta; sua via de transgressão aparecia de forma silenciosa, mas não menos intensa, e sua alma estava guardando forças para um tempo que se anunciaria em breve. Assim como o Dr. Hertz, ela também começaria a descobrir novas antenas e formas de visão e comunicação, procurando estabelecer contato entre ciência, arte e espiritualidade.

> *Ela desenhava em plena aula de modelo vivo. Sobre um tablado bem ao centro da sala, um modelo posava com uma sunga estranha. Estava tão focada em sua tarefa, que saltou de susto quando os jovens estudantes invadiram a aula convocando todos para a assembleia no pátio. Entre o grupo de rapazes havia uma jovem de cabelos claros e olhos esverdeados; embora baixa, erguia a voz em apelo junto aos outros colegas anarquistas – Basta de copiar as obras antigas do reinado decadente, lutemos pela renovação da arte! Era Anna Cassel, uma estudante da turma veterana. Ela aproximou-se das alunas e apelou para que se unissem ao movimento. Hilma recolheu seu material de arte em silêncio e seguiu o fluxo agitado descendo as escadas. Ela não tinha intenção de se envolver e entrou furtivamente no vestiário feminino para escapar do grupo. Logo depois, Anna entrou. Respirava com dificuldade e estava corada. Hilma percebeu que ela estava com febre e ofereceu ajuda. Anna voltou febril para a manifestação e Hilma voltou para casa, mas aquele encontro foi o início de uma amizade que transformaria a vida de ambas para sempre.*

O encontro com Anna Cassel (1860–1937) reverberou em muitos outros movimentos que viriam no futuro. Entretanto, embora fosse independente em suas ideias e escolhas, Hilma não adotou atitudes rebeldes nem aderiu a pensamentos radicais. Sua bandeira era outra. Ela havia sido aceita e teria o privilégio de ser uma das primeiras mulheres, em toda a história da Suécia, a obter o direito de estudar em uma academia e ter um diploma superior.

Com seus talentos artísticos reconhecidos, ela poderia escolher especializar-se em alguma matéria fora do mundo feminino, ganhar assim novas habilidades além do esperado e escapar ao óbvio caminho traçado até então para sua condição, que seria a de se casar, gerenciar a vida doméstica e povoar o mundo.

De acordo com seu sobrinho Erik af Klint, Hilma era uma aluna dedicada que, ao longo dos anos, estudou as técnicas de representação de paisagens e retratos na pintura. Destacou-se como desenhista hábil e era apreciada por seus professores, entre eles o conde Georg von Rosen (1843 – 1923) e August Malmström (1829 – 1901), dois grandes pintores aristocratas suecos, reconhecidos por retratar temas da história sueca e da mitologia nórdica em suas pinturas.

A pintura histórica era um dos temas mais importantes para se obter apoio estudantil e bolsa de estudos na Academia. A cada ano um tema era estipulado para a competição, sendo o desafio aos alunos interessados o de desenvolver sua interpretação pictórica pessoal sobre o assunto proposto. Nos arquivos da Academia Real de Artes de Estocolmo, consta que Hilma se inscreveu durante seu último ano como aluna (1887 – 1888). O tema daquele ano era "Andrômeda". Na mitologia grega, ela fora uma princesa oferecida por seu pai em sacrifício a um monstro marinho. Foi acorrentada e mantida refém de seu algoz em um rochedo no mar, até ser salva por Perseu, que a tomou como esposa.

A maioria das representações de Andrômeda na história da arte expressavam-na como uma jovem nua, totalmente impotente e desesperada, presa a um penhasco sendo açoitada pelas violentas ondas ou ameaçada pelo monstro marinho. Recentemente, foi encontrada uma pintura com este mesmo tema, atribuída a Hilma af Klint, nas dimensões 133 cm x 88 cm e cuja data confere com a do ano da competição. Entretanto, infelizmente, não se pode comprovar a autenticidade da pintura. Nesta, uma mulher nua está presa a um rochedo acenando e chamando por socorro. Sua postura é ousada, não demonstrando nenhum desespero. Se de fato esta obra foi pintada por Hilma, seria curioso analisá-la sob o aspecto de sua autora, que deu à personagem uma imagem oposta às antigas representações de pintores masculinos. Ao invés de uma frágil vítima, o que se vê nesta pintura é a imagem de uma mulher forte e resiliente.

Apesar de não se saber o desfecho de sua participação naquele concurso, é fato que em 1887 Hilma af Klint graduou-se com louvor. Seu talento e excelentes notas foram reconhecidos ao receber uma bolsa de estudos na forma de um estúdio no prédio dos ateliês pertencentes à Academia Real de Artes. Esse privilégio deu à recém-formada artista a oportunidade de estar próxima e conviver com as diferentes e modernas tendências da época.

*Daguerreótipo realizado em 1885, encontrado nos arquivos da Academia Real de Belas Artes de Estocolmo. A cena, formalmente configurada, mostra Hilma segurando uma paleta na mão esquerda e um guarda-sol aberto acima dela. De sua cabeça emerge uma série de ramos parecendo antenas. A luminosidade da cena contribui para o clima enigmático de seu semblante, o que dá a impressão de que ela via muito além do que estava ali. Este ponto de vista é intrigante. Seria o acaso ou intuição do fotógrafo?*
*Hilma af Klint – Academia Real de Artes de Estocolmo (aprox. 1885)*

Graças a isso, aos 25 anos instalou-se no coração cultural da capital sueca. No prédio situado em Hamngatan 5, perto de Kungsträdgården, estavam disponíveis os ateliês e habitações para os alunos que terminaram seus estudos com honra. No mesmo edifício, no térreo, ficavam o famoso Salão Blanche e um café, onde artistas e intelectuais reuniam-se frequentemente. Enquanto a galeria expunha obras de arte famosas em suas vitrines, a cafeteria expunha a arte da pâtisserie e as mais modernas técnicas gastronômicas da confeitaria europeia.

A jovem artista rapidamente ganhou reputação e destaque na região por ser uma pintora de paisagem e retratista talentosa. Ela atuava profissionalmente, vendendo e exibindo suas paisagens, pinturas botânicas, desenhos e retratos de estilo naturalista. Reconhecida por sua técnica bem desenvolvida e pela escala de cores moderada, angariava admiração e respeito de sua clientela. Suas pinturas de paisagens eram muito vivas e, segundo especialistas, eram produzidas com competência e certa liberdade artística, apresentando nuances e combinações de fiel sentido técnico.

Na virada do século, portanto, Hilma af Klint era uma artista independente, que pagava suas contas, vivia numa cidade moderna iluminada por luz elétrica, cujas casas haviam sido recentemente equipadas com os inovadores aparelhos de telefone. Na lista telefônica, seu nome recebia a descrição de "pintora retratista", evidenciando sua trajetória profissional de prestígio.

# Vestais do Novo Templo

*Minha consciência é inconsciente de si mesma,*
*por isso eu me obedeço cegamente.*
Clarice Lispector

*Havia dois cultos antigos que eram conduzidos exclusivamente por mulheres jovens e castas. Vesta, deusa do fogo para os romanos, tinha um culto que se perdia nos anos, de tão antigo. A versão grega era Héstia, deusa próxima dos humanos, pois havia um local da casa, a lareira, em que Héstia "reinava". Eles a invocavam antes de todos os outros deuses. Às virgens que cuidavam do culto de Vesta denominava-se vestais. Eram as mantenedoras das lições do fogo. Os rituais consistiam em alimentar o fogo consagrado, para que nunca se apagasse. As vestais serviam ao templo por trinta anos, e após este tempo eram consideradas um patrimônio do povo e autorizadas a viverem de forma autônoma.*

Hilma não seguiu o roteiro tradicionalmente esperado para jovens como ela, pois não se casou. O ano era 1892; a artista Hilma pintava o que via à sua frente: pessoas, paisagens, plantas. Com aproximadamente 30 anos, seguia pintando encomendas de paisagens e retratos de aristocratas e pessoas importantes da época e mantinha seu estúdio desde que se formara, havia cinco anos. Nas paisagens, sua pintura era muito viva em uma escala de cores muito fiel e, no sentido técnico, bem desenvolvido. Seus estudos botânicos em aquarela, datados de 1880 a 1890,

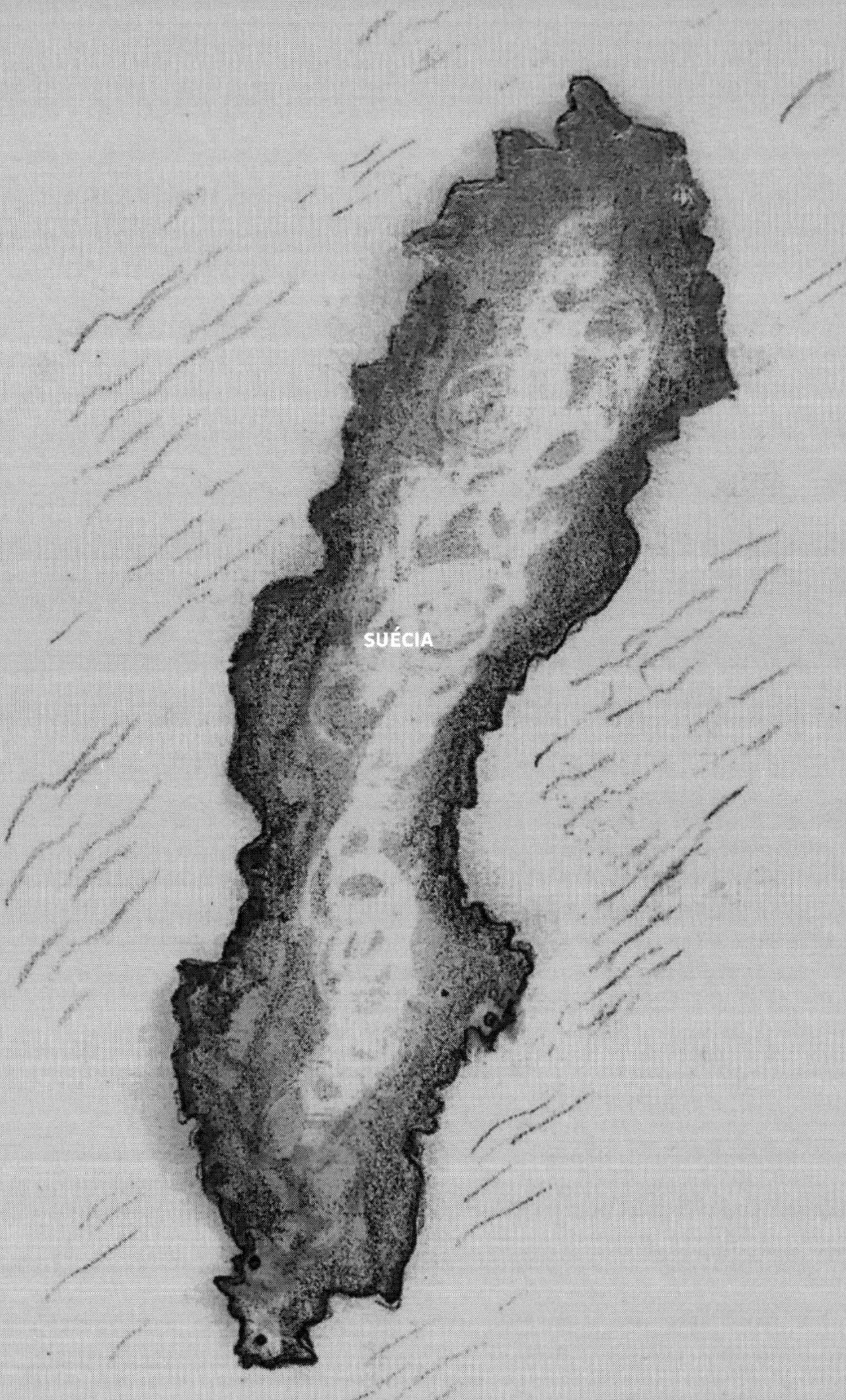
SUÉCIA

testemunhavam uma observação precisa da natureza. Ainda hoje alguns retratos estão na biblioteca da Universidade de Upsala, uma das primeiras da Suécia, outras no Museu Nacional, ou no acervo da família real. Suas pinceladas eram longas, ao estilo da época, com nuances de cores e combinações de tons de pele, como eram chamadas academicamente na paleta dos retratistas.

Além disso, ilustrava cartões e capas de magazines com temas natalinos. Foram anos intensos em atividades artísticas e culturais. Segundo alguns documentos, realizou viagens culturais com grupos de estudantes para Noruega, Holanda, Bélgica e Alemanha (fant, 1990, p. 6). Consta que Hilma af Klint também exibiu várias vezes na Associação Sueca de Arte em Estocolmo, na Exposição Artística e Industrial em Norrköping, em 1906, e em Lund no ano seguinte. Anos mais tarde, em 1914, haveria de mostrar suas paisagens na Exposição do Báltico em Malmö, na mesma mostra em que Wassily Kandinsky participou da seção russa. Em plena virada do século, era uma pintora que exercia sua atividade com competência e liberdade.

Além desta profusão artística, compartilhava o interesse de seu pai pela natureza, a matemática e a música. Ela queria entender a perfeição que o mundo visível revelava, e dedica-va-se em retratar crianças, flores ou horizontes, observando-os com a mesma humilde devoção. Pouco a pouco, sua personalidade, seus valores e suas crenças foram sendo lapidados, levando-a a escolhas singelas, sem luxo. Não se rendia a modismos e vestia-se discretamente para sua idade. Sempre penteada, com seus cristalinos olhos azuis, irradiava o magnetismo e a beleza de uma alma casta.

Havia nobreza em tudo o que fazia, com seu jeito introvertido e quieto, embora seu estúdio estivesse em uma área cada vez mais movimentada de Estocolmo. Convivia pacificamente com o som das carruagens, o burburinho e a fumaça dos charutos dos artistas e intelectuais que se sentavam nos cafés embaixo de seu estúdio, discutindo arte, política e todas as grandes descobertas da ciência. Era um momento de inovação, em que o pensamento se movia tão veloz quanto a recente eletricidade. A modernidade estava estampada nos cardápios e não havia como não a degustar.

Ela não estava, como a maioria das jovens de sua idade, interessada em bailes e passeios frugais com jovens galantes. Contam que durante

*Esta fotografia revela muito sobre a personalidade da artista — naquela época com cerca de 33 anos. Observe seu olhar e sua postura. É como se ela não estivesse interessada em ser fotografada, como se o(a) fotógrafo(a) a tivesse surpreendido, importunando-a em uma manhã de trabalho. Sua postura não é a de uma senhorita talhada na etiqueta social, que a obrigaria a sentar-se em posição mais ereta, com as pernas cruzadas e as mãos sobre o colo. Ao contrário disso, ela se entrega na cadeira displicentemente. Há um certo tom de deboche? Revela-se um traço que talvez poucos reconhecessem naquele tempo. Seria esta a discreta atitude subversiva de Hilma?*

*Hilma em seu estúdio em Hamngatan, Estocolmo, 1895.*

todo este período, ela teve apenas um namorado, um certo Dr. Helleday (Fant, 1990, p. 7). Na impossibilidade de se obter maiores detalhes sobre isso, parecia que a paixão pelo jovem foi rapidamente interrompida sem grandes dramas ou consequências em sua vida.

*Sua mãe e sua irmã insistiam para que ela as acompanhasse à modista. Quem sabe a convenciam a fazer ao menos um vestido mais adequado para os eventos sociais? Ela já não sabia o que dizer para fugir da insistência das duas mulheres cada vez mais próximas e ajustadas, principalmente agora com Ida casada, seguindo à risca o modelo da mãe. Além do fato de não encontrar tempo para isso, sentia-se deslocada naqueles ambientes. Vestidos e adereços novos para quê? Ela decerto encontraria uma desculpa de última hora para não participar do baile ou dos jantares. Entre ela e aquelas duas senhoras havia mais do que metros de seda e veludo. Nunca tivera afinidade com sua irmã e, agora que estava crescida, já não escutava mais os apelidos e críticas ácidas que a levavam cada vez mais a se encolher em seu exílio. Aos olhos de Ida, ela era a menina esquisita que falava sozinha e que pedia para voar até as luzes coloridas da aurora boreal, ou era a "colecionadora de porcarias da natureza" que invadia a casa com penas de cisnes, pedras ou cogumelos encontrados no caminho.*

*Agora crescida, os olhares críticos não a constrangiam mais. Mesmo assim, quando se sentou naquela tarde com sua mãe e sua irmã, percebeu o constrangimento delas enquanto olhavam para suas mãos. Mais que depressa, escondeu-as debaixo da mesa, largando a xícara de chá. Não conseguia mais limpar as tintas que se fixavam debaixo das unhas. Ao contrário de sua irmã, Anna Cassel, sua amiga desde a faculdade, não a deixava constrangida.*

Anna Maria Augusta Cassel era ativista desde os tempos da Academia de Artes, e poderia ser taxada como uma sufragista. Embora Hilma estivesse totalmente a par e mergulhada no espírito do seu tempo, não tinha o ímpeto de sua amiga, que saía às ruas lutando pelos direitos em geral. Naquela época, conta-se que Anna ia aos protestos nas ruas da cidade exigindo a igualdade no direito de voto para as mulheres. "Quando mudaram do campo para as cidades, para trabalhar nas fábricas, as mulheres passaram a se conscientizar mais de seus direitos. A escritora inglesa Mary Wollstonecraft (1789 – 1797) foi a grande pioneira da defesa do voto feminino, a partir de 1792. Na Suécia, em 4 de setembro de 1899, uma delegação da Fredrika-Bremer-Förbundet apresentou uma sugestão de sufrágio feminino ao primeiro-ministro Erik

Gustaf Boström. A delegação foi chefiada por Agda Montelius, acompanhada por Gertrud Adelborg, que havia escrito a demanda. Esta foi a primeira vez que o movimento feminino sueco apresentou oficialmente uma demanda por sufrágio."[4]

Anna era, assim como Hilma, uma pintora paisagista de talento, tinha um forte senso de ética e paixão pela Arte. Era uma jovem de gênio forte e personalidade colérica, cresceu em extrema riqueza, pertencia a uma família aristocrata de grande poder social. Herdeira rica, ela não precisava se preocupar com as questões práticas, era independente, moderna e, com sua fortuna, investia em instituições e ajudava os necessitados. Tinha uma aparência jovial, entretanto, sua saúde era frágil, sofria gravemente de asma e regularmente precisava retirar-se para sanatórios em estações alpinas da Europa ou para a costa oeste de clima mais ameno para recuperar-se das crises. Aos 32 anos, Anna assumiu abertamente a escolha de não se casar, pois o casamento significaria para ela a perda de sua liberdade.[5] Vivia com suas quatro irmãs e a mãe, em luxuosa residência em um bairro nobre de Estocolmo. As irmãs, assim como ela, tinham interesses pelos assuntos espiritualistas da época, e parece que a matriarca, Sra. Cassel, não tinha ressalvas a respeito.

Diferente de sua amiga Hilma, Anna era descrita como baixa, de cabelos escuros, magra e ereta "como um atiçador de brasa"[6], como era chamada pelos vizinhos da ilha de Munsö que a conheceram quando passava os verões na casa de campo da família Cassel. Havia cumplicidade entre as duas personalidades que, mesmo tão diferentes, complementavam-se. Ao analisar tudo o que elas viveram ao longo de suas biografias, é inegável que o apoio e a força espiritual de Anna foram fundamentais para que Hilma pudesse realizar sua missão. Hilma não gozava das mesmas condições de Anna. Sua nobreza era apenas uma elevação dada ao seu avô pelos serviços prestados ao Estado e não garantia uma renda significativa. Hilma seguia tentando sustentar-se como pintora. Elas se encontravam regularmente, eram duas artistas profissionais com seus estúdios na mesma região.

---

[4] Fonte: https://mundoestranho.abril.com.br/historia/o-que-foi-o-movimento-sufragista/

[5] Segundo relato de sua sobrinha-neta Marie Cassel.

[6] Segundo relatos de vizinhos da ilha de Munsö que a conheceram quando passava os verões na casa de campo da família Cassel.

Desde o Romantismo, a expressão individual ganhou voz, bem como temas anteriormente desprezados pela arte do período Clássico, como a morte, os vermes, a pobreza, o exílio e a angústia. A intensificação provocada pela dual ciência materialista, em oposição aos movimentos esotéricos, seguia em todo continente europeu. O movimento dos artistas radicais era em defesa da expressão de suas experiências internas, para que pudessem revelar sua sensibilidade a ponto de conseguirem dar forma e "traduzir" a diversidade e a complexidade da vida interior. Era um momento crucial na história humana, pois ao mesmo tempo em que se testemunhava o desenvolvimento da técnica e da ciência, também as guerras e a miséria se faziam mais próximas do que nunca. Um clima de pessimismo se intensificava a cada estação.

Hilma tinha aproximadamente 30 anos quando o pintor Edvard Munch (1863 – 1944) descreveu sua vivência na dramática cena O Grito, expressando a angústia causada pelo momento de incerteza da época:

> Eu caminhava com dois amigos, o sol se pôs, o céu tornou-se vermelho-sangue. Pressenti como que um sopro de melancolia. Parei, apoiei-me no muro, mortalmente fatigado; sobre a cidade e o fiorde, de um azul quase negro, planavam nuvens de sangue e línguas de fogo. Meus amigos continuaram seu caminho, eu fiquei no lugar, tremendo de angústia. Parecia-me escutar o grito imenso, infinito, da natureza (MUNCH, 1893).

Provavelmente Hilma e Anna visitaram a exposição embaixo de seu estúdio, onde o quadro citado acima estava exposto. Os artistas e intelectuais de sua geração considerados os pais do Abstracionismo, como Kandinsky (1866 – 1944), Piet Mondrian (1872 – 1944), e muitos outros, discutiam o desejo de ultrapassar a forma e suas limitações do mundo físico. Entretanto, esses artistas estavam inseridos em um debate ainda exclusivo ao mundo masculino, em que o contexto de reflexões e a busca pelo oculto eram, muitas vezes, somente um recurso para a criação pessoal que eles assinavam e expunham, reivindicando a autoria como parte de seu processo de criação e descoberta. A sociedade burguesa de Estocolmo, no início dos anos 1890, começou a ser atraída por uma nova Teosofia moderna. Como já dito anteriormente, o Luteranismo parecia ter-se esgotado como modelo da igreja tradicional, uma vez que não mais satisfazia à nova ordem econômica e a uma sociedade moderna em ascensão. Não era raro encontrar famílias da aristocracia sueca como membros da Sociedade Teosófica. Para muitos era um simples modismo, para outros, no entanto, tratava-se de um encontro sério, em que se buscava receber respostas aos mistérios guardados entre o Céu e a Terra.

Enquanto o trabalho de Hilma florescia aos olhos do público, silenciosamente ela continuava sua busca de entendimento pela outra dimensão espiritual. Seu interesse pelos mundos invisíveis transformava-se gradativamente em uma necessidade vital de alma. Além dos grupos espiritualistas, estudava e lia avidamente os textos de ocultistas como os da famosa Madame Blavatsky.[7]

Como Hilma teve o consentimento de seus pais para participar ativamente de sessões espíritas desde sua adolescência é uma incógnita, tendo em vista que ela foi a única em sua família que escolheu este caminho pelos movimentos espiritualistas como a ordem Rosa-Cruz e a Teosofia. Há variáveis que conectam seu pai, o almirante Frederick Victor af Klint, à classe de oficiais navais, provavelmente ele conhecia o engenheiro naval Arvid Knös, que, na virada do século, foi o secretário-geral da seção escandinava da Sociedade Teosófica. Outras conexões podem ser observadas, como o fato de a sede da Sociedade Teosófica na época ter sido abrigada na casa do antigo professor de Hilma e Anna na Academia de Artes, o pintor Carl von Bergen, que fundou a Sociedade Sueca de Pesquisa Psíquica, com o objetivo de produzir evidências científicas da imortalidade da alma e da existência de uma realidade espiritual. Assim como von Bergen, na mesma época a famosa pintora retratista Bertha Valerius fundou o Edelweissförbundet, ou Associação Edelweiss[8] uma sociedade religiosa formada exclusivamente por mulheres de base ecumênica, baseada no Cristianismo Espiritualista Esotérico. A Associação Edelweiss comprometeu-se

[7] Professora esotérica russa, uma das fundadoras da Sociedade Teosófica (1875). É importante salientar que Blavatsky e a Teosofia tiveram forte influência no pensamento deste período, sendo nomes da Sociedade Teosófica o inventor Thomas Edison e o poeta W. B. Yeats.

[8] *Edelweissförbundet* foi fundada em 1888, paralelamente ao surgimento da Sociedade Teosófica em Estocolmo. Ao longo do tempo, todas as participantes do De Fem associaram-se aos dois grupos acima, que demonstravam uma conexão direta entre seus membros.

com uma busca espiritual superior, diferenciando-se dos grupos espíritas que, como dito anteriormente, experimentavam fenômenos e materializações como mesas levitando, mensagens de parentes falecidos ou a arte de mover objetos sem tocá-los. Bertha Valerius (1824 – 1895) também era uma das figuras femininas de destaque da sociedade sueca. Além de ser a fundadora da Associação Edelweiss, era uma pintora retratista famosa, que pintou retratos de todos os aristocratas da sociedade na época, inclusive reis e príncipes. Já com o advento da fotografia, a Sra. Valerius inovou, registrando nos cenários de seu estúdio, um dos primeiros estúdios fotográficos da Escandinávia, mais uma parte da burguesia da época.

Hilma recebeu grandes ensinamentos de Bertha. Enquanto fez parte das sessões, aprendeu sobre as técnicas de acesso ao inconsciente que se baseavam nas pesquisas de Swedenborg. Segundo o pesquisador, todas as pessoas estavam constantemente em contato com os espíritos, embora não estivessem cientes disso, mas apenas aquelas almas que conseguiam atingir o inconsciente poderiam chegar ao céu. Hilma também aprendeu que o desconhecido não era um mundo no qual se poderia penetrar por conta própria, era preciso seriedade e dedicação. Assim como fez antes em seus estudos figurativos com a natureza, Hilma af Klint também se dedicou à pesquisa sistemática e analítica do mundo espiritual, para a percepção de uma realidade além do visível.

Outra possibilidade plausível para a participação de Hilma nos movimentos ocultos, tem relação com as irmãs Cassel. Charlotta Wilhelmina Josefina Cassel (1858 – 1908), Lotten, como era carinhosamente chamada, era uma das irmãs mais velhas de Anna. Segundo a pesquisadora holandesa Marty Bax, foi Lotten quem levou Anna e Hilma para a Edelweiss e posteriormente as apresentou à Teosofia. Elas passaram a frequentar as reuniões semanais conduzidas por Bertha Valerius e assim fizeram novas amizades. Existem indícios de que Hilma foi escolhida como uma das lideranças do grupo Edelweiss. Segundo Bax, a artista recebeu o broche com as flores Edelweiss de Jerusalém, símbolo fundador da sociedade, o que significaria a sua indicação a cargos mais elevados, presumivelmente, porque mostrou seriedade e alta sensibilidade ao mundo espiritual.

Conforme escreve Anna Larsson, escritora e pesquisadora biográfica sueca, em seu romance sobre Hilma af Klint, em uma das primeiras reuniões na fundação Edelweiss o espírito de Rafael entrou em Sigrid e transmitiu a seguinte mensagem:

> Agora ela está dormindo, agora eu posso falar. Meus amigos terrestres, eu estive aqui ao lado ouvindo o que pensam. Os seus pensamentos despertaram em mim algo que gostaria de compartilhar. Eu penso em seu espírito, ligado ao manto da matéria. Sim, tão estreito que é semelhante a uma prisão. E, no entanto, esse espírito é livre, ele está vinculado no momento e este mesmo escolheu sua prisão. Uma vez em liberdade, todos os espíritos conseguem escolher seu destino. Vocês que vagueiam pelo caminho difícil, deixem isso claro para suas mentes. É necessário carregar a própria cruz. Tome a vida que você escolheu para si e a leve com humildade e paciência. Se vocês caminharem para um futuro iluminado, a estrada levaria o Calvário em si. Nós, que já caminhamos por essa estrada, queremos oferecer sabedoria aos que ainda vagueiam. A paz esteja convosco! (Larsson, 2017 p. 16)

A experiência na Associação Edelweiss e seus princípios moldaram o curso da história e das atividades posteriores que Hilma e suas amigas viriam a realizar. Lotten Cassel tornou-se nesta época membro da Sociedade Teosófica, e tudo leva a crer que foi ela quem provavelmente as introduziu a esta nova corrente esotérica que despontava na Escandinávia. Existe uma linha direta entre os dois grupos, Edelweiss e a Sociedade Teosófica. Segundo pesquisa de Bax, os nomes na lista de membros se repetem em datas quase simultâneas.

Nesta intrincada sobreposição de grupos, cujos registros e atas desta fase se entrelaçam, surge Emma Mathilda Nilsson-Cederberg (nascida em 1844), casada com Anders Nilsson. Em 1891, Mathilda tornou-se editora de uma revista espiritualista e depois de um jornal espiritualista sueco.[9] Mathilda e sua amiga Sigrid Elisabeth Hedman (nascida em 1855) pertenciam ao grupo Edelweiss e, em seguida, aderiram também à Sociedade Teosófica. Entre os procedimentos

[9] No blog da Dra. Marty Bax, "*Efteråt – Tidskrift för spiritism och dermed beslägtade ämnen*". Disponível em: http://baxpress.blogspot.com.br/; acesso em 18 de abril de 2018.

exigidos nas sessões espirituais, além das práticas mediúnicas e jejuns, sabiam fazer uso do psicógrafo, que era um instrumento que se movimentava pelas mãos do médium formando palavras e frases vindas do mundo dos espíritos. Foi em 1896 que as amigas Hilma, Anna, Sigrid, Mathilda e Cornelia Cederborg,[10] também membro do grupo Edelweiss, decidiram se encontrar todas as sextas-feiras para criar seu próprio ritual. Os anos dedicados à pesquisa do oculto, estudando e desenvolvendo seus dons psíquicos, levou-as à necessidade de ir além do que já haviam descoberto. Assim começou o grupo denominado De Fem – ou As Cinco. As possíveis motivações para a formação deste grupo independente podem ter relação com uma necessidade de maior autonomia na condução das práticas espiritualistas, ou uma busca por mais liberdade para criarem suas próprias regras e rituais. Como vestais sacerdotisas dos templos de outrora, carregavam a profunda devoção e a sede de aprender sobre a alma e seus segredos. Todas vinham da forte raiz religiosa cristã, com influências rosacrucianas e teosóficas, e estavam em busca de maior conhecimento espiritual. Os "Encontros de sexta", nesta configuração inicial, aconteceram por um período de dez anos – de 1896 a 1906 – e foram muito importantes para Hilma af Klint, pois nesse tempo ela pôde se preparar para as desafiadoras tarefas situadas à frente. Como num sacerdócio, ela conscientemente fez desse o seu noviciado, em que desenvolveu a percepção para uma realidade além do visível.

> Elas chegavam sempre na hora marcada todas às sextas, não importava se o sol tivesse se despedido logo após o almoço deixando as ruas tão escuras como se fosse noite alta. Não se justificavam quando a neve amortecia os pés engrossando o caminho até local da reunião. Elas não perderiam aquele encontro, nem que as esposas do grupo precisassem mentir um pouco aos maridos. Tampouco eram seduzidas quando a romântica tarde de primavera chegava e chamava-as para saborear a vida na melhor confeitaria da cidade. A sexta-feira era sagrada para elas, e por dez anos mantiveram seu ritual.

[10] Cornelia Carolina Amalia tornou-se membro da Associação Edelweiss em 19 de dezembro de 1896. Foi a última das cinco a se unir ao movimento teosófico em 1913.

*Registros fotográficos do local onde aconteciam as sessões. A atmosfera parece solene, com uma iluminação natural. O altar era revestido com uma toalha branca de renda e tinha um degrau que poderia servir para ajoelhar-se. A gravura com a face iluminada de Jesus Cristo, rezando no Monte das Oliveiras, foi pintada por Bertha Valerius, quando participava do grupo Edelweiss. A cadeira de balanço servia para que a médium se recostasse quando entrasse em transe. A mesa e as cadeiras serviam às outras integrantes para escrever ou desenhar. O ambiente foi decorado com tapetes e revestimentos nobres nas paredes. Outras gravuras com madonas de Rafael aparecem pregadas às paredes.*

*Altar do De Fem e sala preparada para as sessões. Período entre 1896 e 1906.*

Sigrid, durante anos, foi a principal médium do grupo e, enquanto ela recebia as mensagens, Cornelia Cederborg era a encarregada de registrá-las. O ritual a princípio incluía a leitura, o estudo do Evangelho e sessões de canalização mediúnica. Preparações prévias como jejuns e meditações também faziam parte do ritual. Os encontros do De Fem eram bastante metódicos. Começavam com uma prece, seguida por meditação e depois um sermão. Em seguida o estudo de um texto do Novo Testamento escolhido para a ocasião. O encontro terminava com uma sessão na qual elas estabeleciam contato com os Altos Líderes de outras dimensões. Durante as sessões, os Líderes Espirituais se apresentavam. O mais proeminente deles era Gregor, mas líderes com os nomes de Amaliel, Georg, Ananda e Agnes também se pronunciavam. Eles passavam instruções precisas, orientando o grupo para que as imagens que se revelassem e, em consonância com o conteúdo das mensagens, pudessem ser registradas adequadamente. As mulheres eram cuidadosamente preparadas e sentiam-se como ferramentas a serem aperfeiçoadas. Além do psicógrafo, que a princípio foi usado, desenvolviam a escrita automática. Esta prática consistia em escrever e desenhar de forma espontânea e fluida, deixando-se levar pelo movimento desgovernado do lápis sobre o papel.

A técnica da escrita automática foi desenvolvida como método para se atingir o inconsciente pessoal em sua fonte. Para compreender sua importância, é necessário falar um pouco sobre o Surrealismo, considerado não apenas um movimento artístico, mas também um modo de conhecimento, como o quer seu fundador André Breton:

> SURREALISMO, s.m. Automatismo psíquico em estado puro mediante o qual se propõe exprimir, verbalmente, por escrito, ou por qualquer outro meio, o funcionamento do pensamento. Ditado do pensamento, suspenso qualquer controle exercido pela razão, alheio a qualquer preocupação estética ou moral (BRETON apud SANTOS, 2003, p. 40).

Trata-se, portanto, de um automatismo psíquico, que pode ser exercitado disciplinadamente, para se alcançar a suspensão do controle da razão. Existem outras formas de automatismo psíquico, parte delas alinhadas a práticas ocultistas, outras à pesquisa científica.

O surgimento do Espiritismo desempenhou um papel capital na história da psiquiatria dinâmica, uma vez que forneceu indiretamente aos psicólogos e psiquiatras novos métodos para estudar o espírito humano. A escrita automática, um dos procedimentos introduzidos pelos espíritas, foi retomada pelos sábios como meio de exploração do inconsciente (ELLENBERGER, 1994, p. 118).

Os encontros do De Fem eram registrados com grande precisão em caneta tinteiro e também a lápis. O mais antigo livro de notas do grupo data de 10 de outubro de 1892, e contém mensagens mediúnicas de 1896 até 1902 – levantando a hipótese de que já praticavam juntas desde a época do Edelweiss. Dois dos cadernos receberam o nome de "Livro de Gregor 1 e 2" e contêm mensagens registradas de 1896 até 1902. Outro caderno se chama "Clemens" e foi concluído entre 1903 e 1905. Outros cinco cadernos chamados "D.F:s (O livro das cinco)" estão datados a partir de 1897 e vão até 1907.

Um dos últimos cadernos, o no 3, tem também o título *Fredagsgruppen* (Grupo de Sexta-feira). Graças a estes registros que, se somados, contam mais de quatro mil páginas, sabemos em parte o que aconteceu há mais de um século. Os Mestres do Alto tinham diferentes linhagens e trabalhavam em diversos níveis de consciência. Tinham como missão revelar ensinamentos que consideravam importantes naquele momento, e alguns haviam tido experiências terrenas como parte dos seus próprios aprendizados evolutivos.

Entretanto, as mensagens desses cadernos não são fáceis de serem compreendidas. Os Guias Espirituais expressavam-se de forma hermética, numa linguagem complexa e algumas vezes era difícil fazer uma conexão de uma sessão para a outra. Como mensagens apostólicas, traziam imagens e parábolas, profecias e revelações que poderiam ser comparadas aos antigos oráculos de tempos muito longínquos. Imagino que mesmo as médiuns mais experientes tinham dificuldades para alcançar todo seu sentido. No entanto, as mulheres estavam dispostas e comprometidas a esta interlocução com aqueles que consideravam Mestres do Alto, e não desmereciam o processo, ao contrário, tudo indica que o levavam muito a sério. Elas se consideravam um grupo secreto atravessando seus anos de treinamento. Haviam sido convocadas para uma tarefa suprema, ouviram o chamado e buscavam honrar o convite. Esse

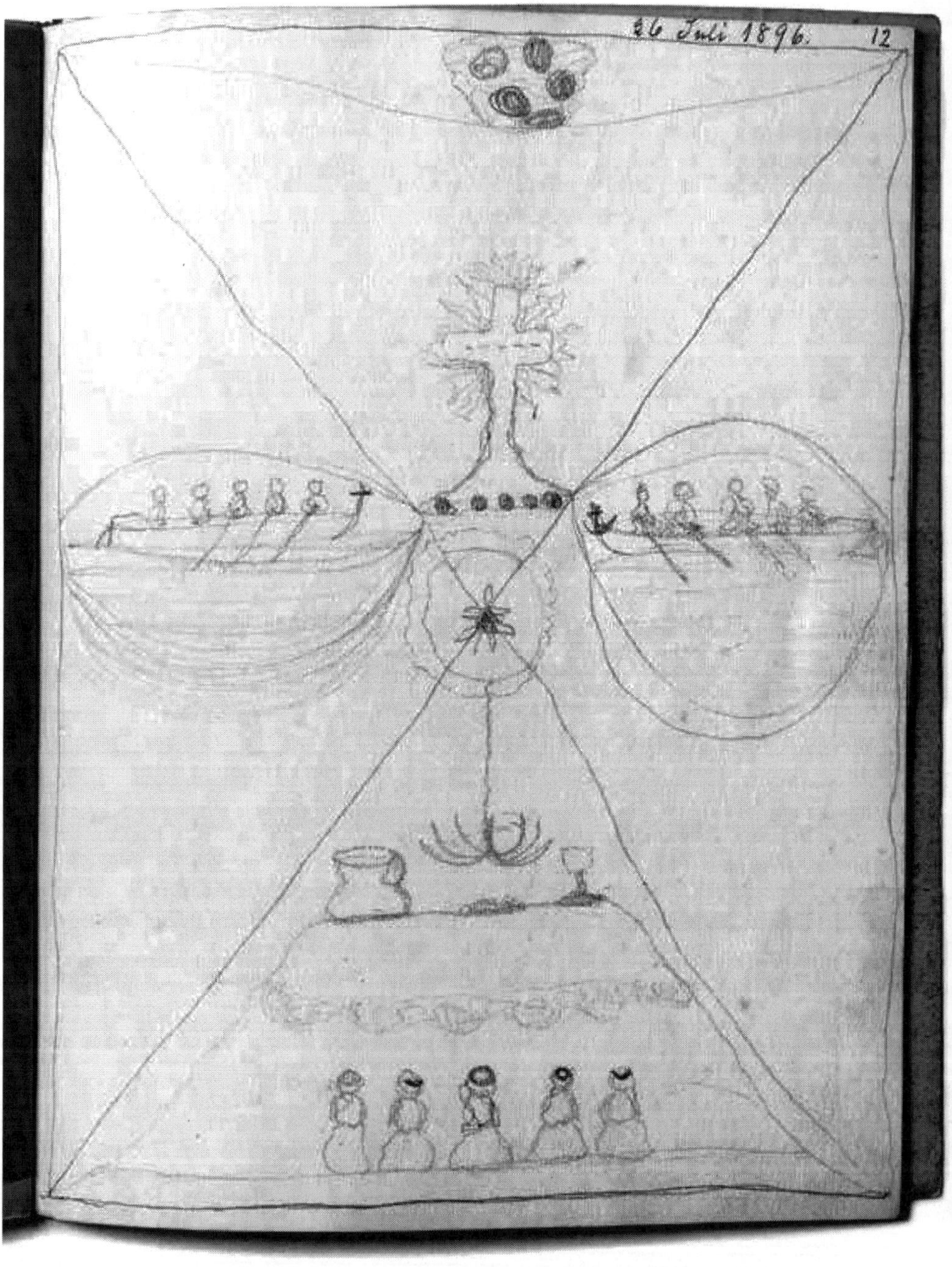


*Desenho a lápis no caderno "De Fem" indicando as cinco mulheres diante do altar. Caderno S11, página 16, 26.07.1896, 30,8 × 26,0 cm*

era o norte daquela embarcação, o sentido que conduziu o grupo ao longo dos anos. Para se tornarem receptivas e abertas, era necessário que mudassem a frequência e saíssem da condição de vigília para um estado mental mais relaxado. O grupo treinou muitos anos para que este grau de refinamento fosse alcançado. A fim de "perceber a realidade além do visível", numa das sessões receberam a instrução de observar um copo com água até a metade, tarefa esta que se estendeu por um longo período. Hilma revelou que se dedicou por mais de um ano, sem sucesso; não viu nada além da própria água. Segundo a escritora e jornalista sueca Agneta Pleijel, em seu artigo "Carta para um verão chuvoso" (2015), na cultura patriarcal em que Hilma e suas amigas viviam as mensagens que vinham de uma dimensão diferente eram uma premissa para a autoconfiança que elas tinham que desenvolver, pois a falta de autoestima destruiu várias mulheres naquele século.

Em 26 de julho de 1896, há um desenho que representa como os mestres posicionavam as cinco mulheres. Cinco figuras de joelhos postavam-se na base do desenho diante de um suposto altar. Símbolos como a rosa, o cálice e a cruz também aparecem no desenho onde dois barcos espelhados estão representados no meio entre uma interseção em X. Ambos os barcos contendo cinco tripulantes. Segundo as anotações referentes ao desenho, Hilma af Klint ocupava o último posto, apoiando as outras, que conduziam os registros dos mestres. Em algum relato dos diários, mencionou-se que Hilma se colocava a princípio um tanto cética e recuada. Sigrid era quem estava na proa como a líder da embarcação, parecia que exercia uma forte liderança diante do grupo, pois além de ser mais velha que Hilma e Anna, era dotada de uma grande força psíquica como médium.

Ao longo do tempo os cadernos passaram a registrar caligrafias diferentes, mostrando que parecia haver um revezamento. Há registros em que havia mais de cinco participantes, dando a entender que aceitavam novas convidadas. É difícil discernir, talvez fossem as mesmas pessoas todo o tempo, ou em algum momento foi aberta a amigas convidadas, mas uma coisa é certa, era um grupo exclusivamente feminino. Alguns nomes foram encontrados nos registros: Emilia Giertta, Lotten Cassel e Lotten Rönquist. Anos mais tarde, Thomasine Andersson, Anna Ljungberg e Elisabeth Wahring. Mathilda era a mais velha do grupo, dezoito anos a mais que Hilma, em seguida vinha Sigrid, sete anos mais velha. Provavelmente, com o passar dos anos, enfrentaram desafios nas obrigações com seus maridos e filhos, ou outras exigências sociais, que eventualmente provocaram afastamentos e adaptações. Não se sabe muito sobre o destino de Cornelia, provavelmente casou-se anos após o início do De Fem. Anna e Hilma foram as únicas que se mantiveram solteiras. As duas artistas mantiveram-se fiéis ao propósito. Com ou sem baixas no grupo, as reuniões às sextas-feiras seguiram ano após ano.

As integrantes do De Fem trabalhavam em silêncio e consideravam-se, literal e simplesmente, transmissoras de uma mensagem além delas. Podemos questionar se os trabalhos seriam descrições de experiências internas muito especiais. No entanto, o ponto de partida e a motivação eram outros. Havia um plano objetivo para esse poderoso trabalho, e um método aliado a um treinamento esotérico, que durante dez anos foi executado longe de todo alarde que ressoava no mundo. Gradualmente elas começaram a identificar-se mais com os conceitos associados à linguagem teosófica, abandonando os métodos da doutrina que aprenderam nos grupos anteriores. Além da escrita automática, desenhos em grafite e espirais aparecem sem nenhum rigor artístico. São linhas rítmicas automáticas, e não há como identificar qual das mãos entre as quatro mulheres, além de Sigrid, as produzia. Os desenhos eram assinados D.F. (De Fem) e datados. Alguns nos cadernos, outros em folhas maiores, em papel pardo ou branco. Para elas, o principal não era a autoria, mas sim as mensagens.

Após a preparação básica que envolvia jejuns prévios, leituras do Evangelho e preces, a descrição dos registros conta que, no momento dos Mestres do Alto se anunciarem, o primeiro a se pronunciar foi descrito como uma luz cintilante, que dava sua graça e bênção – este era Gregor, o Líder principal. Amaliel era o representante do amor. Agnes era a única entidade descrita como um anjo feminino e representava a humildade. Clemens também apareceu alguns anos depois e representava a intuição. Outros Mestres apareceram eventualmente ao longo dos anos, foi o caso de Esther e Theosophus.

Com o passar dos anos, Hilma se manteve como pintora profissional e ainda vivia com seus pais em Badstugatan, seus irmãos mais velhos já estavam casados e ela já era tia. Ida, sua irmã mais velha, casada com o engenheiro Knut Haverman, seguia bem no seu papel de esposa e mãe, vivendo em um bairro tradicional, frequentando a sociedade burguesa e os Luteranos da Alta Igreja, de fé protestante, aos domingos. Seu único irmão Gustav, assim como seus antepassados, seguia distintamente a carreira militar, cartografando as águas profundas do mar Báltico.

No ano de 1898 seu pai faleceu aos 75 anos e sua mãe começou a ficar cega, exigindo cuidados extras. A pensão que recebiam do pai era modesta, justo em um momento quando as fibrilações políticas e econômicas na Europa se intensificaram. Em virtude disso, e sendo a única filha solteira capaz de ajudar a mãe viúva, as circunstâncias as obrigaram a sair da antiga casa em que viviam e a alugar um apartamento menor, onde passaram a morar, em Brahegatan, número 52. Desta forma, ela poderia seguir com sua atividade profissional e dar assistência à sua mãe. Em alguns anos elas iriam testemunhar a Primeira Guerra Mundial, que se anunciava em um horizonte não tão distante dali.

Na casa dos quarenta anos, Hilma apresentava-se de forma cada vez mais discreta, suas roupas escuras, predominantemente pretas, davam a ela um ar de monja. Os cabelos sempre presos, nenhum adereço, talvez a cruz branca – símbolo do seu grupo de sexta – pendurada em uma corrente singela. Habituada a jejuns constantes, comia frugalmente. Ao que tudo indica, sua vida social girava em torno dos círculos de amigas do De Fem e dos grupos teosóficos.

O ano de 1904 representou uma virada na vida e obra de Hilma, então com 42 anos. As anotações do grupo mudaram de caráter. Depois de quase uma década de encontros e sessões, o Mestre Superior Ananda se pronunciou em uma sexta-feira. Segundo o sobrinho-neto de Hilma, Johan af Klint, profundo estudioso do Budismo, Ananda provavelmente é nada mais nada menos que o discípulo preferido do Buda. Ananda estava associado à força de vontade e se refere a Hilma dizendo que ela havia sido designada a trazer imagens do mundo sutil para o plano físico. As anotações a partir deste ano se transformaram à medida que recebiam orientações e previsões para a realização de pinturas que representariam os aspectos imperecíveis do ser humano, aquilo que sobreviveria à morte. Segundo os Mestres da Clara Verdade, ela foi escolhida porque era a única que tinha a capacidade de manter-se focada e com a disciplina necessária para executar a tarefa. Também acredito que seus dons artísticos, aliados à disposição de uma alma comprometida essencialmente com a verdade, foram determinantes para esta escolha.

Nessa época ela escreve em um dos cadernos:

> Amaliel me ofereceu uma tarefa e eu respondi instantaneamente: "Sim". Este será o maior trabalho que realizarei em minha vida. Amaliel respondeu ao meu sim: "Você respondeu rápido demais, apreenderá da vida sob uma nova perspectiva e será você mesma um sujeito no novo reino: seus esforços darão frutos" (Fant, 1990, p. 17).

Ela recebeu orientações para trabalhar a serviço dos mistérios na construção de pinturas para erguer um novo Templo que revelaria imagens simbólicas, cujas mensagens, segundo Eles, serviriam para o acordar e relembrar a essência espiritual da humanidade.

Antes, contudo, ela deveria submeter-se a um processo de purificação. Amaliel declarou:

> Você será atingida pela cegueira e irá negar a si mesma, porque seu orgulho será quebrado. Você irá tropeçar para que seja testada em sua própria fraqueza. Você será a voz que clama, mas antes disso deverá se decompor ao pó (Fant, 1990, p. 20).[11]

Embora estivesse entusiasmada por ser escolhida, Hilma af Klint precisou de muita coragem para enfrentar a mudança. Sua antiga maneira de trabalhar – como uma exímia pintora retratista e botânica, capaz de representar com técnica e sensibilidade a natureza – cessaria e seria substituída por algo completamente novo e desconhecido. Em 1905, após um ano de preparação, ela foi considerada apta a assumir a tarefa. Foi quando se tornou a líder da embarcação. As mensagens mais importantes começaram a ser dirigidas a Hilma, cabendo às demais integrantes do De Fem oferecer apoio de outras maneiras. Anna Cassel também foi mencionada e requisitada pelos Professores do Invisível e tudo indica que era a mais qualificada para interpretar os símbolos revelados. Em vários casos, elas se complementavam nas tarefas. Como pintora profissional, assim como Hilma, Anna participou do processo inicial de

[11] Nos círculos esotéricos a cegueira estava associada ao "olhar para dentro".

execução e compreensão das imagens. Um exemplo disso se vê no esboço de 1905 de um símbolo espiralado lembrando um caracol. Abaixo do desenho a frase "Peça à Anna para interpretar". Diz "kunskap under blom" ou "florescimento do conhecimento", possivelmente do Mestre Ananda.

Era preciso quebrar todos os antigos hábitos. A tarefa era desafiante e exigiu um enorme esforço de compreensão na execução das pinturas. Nas sessões afluíam mensagens, cores e formas. O mundo espiritual era dinâmico demais, e seus seres e elementos não paravam para posar como os modelos de seus retratos. Tampouco ela podia contemplar uma paisagem desenhando os elementos da natureza e deslizando na tela as cores de sua paleta, retocando sem pressa os detalhes. Era preciso ser rápida e não havia tempo para correções ou lamentos, sua mão estava sendo guiada, os seus Guias exigiam cores que ela nunca usara em sua paleta restrita a tons de pele, cores fechadas e tons frios.

Devia mesmo ser bem complexo, o mundo espiritual estava sempre em movimento e as dimensões de espaço e perspectiva estavam muito além das limitações materiais e humanas para sua exata representação. A habilidade técnica não era suficiente para aquelas pinturas cujo suporte plano exigia transcendência diante de recursos bidimensionais. Há relatos de que Hilma af Klint foi repreendida pelos Guias do Alto por não compreender o que era exigido dela e que precisavam repetir as orientações até que entendesse. É divertido pensar sobre este comentário, e também interessante perceber que, mesmo que ela fosse dotada de capacidades sensitivas, isto não implicava que tivesse alcançado a consciência e o conhecimento necessários para elaborar as mensagens. Em muitos relatos a própria Hilma se descreveu como uma criança diante da estranheza de tudo que ela não alcançava. Não havia tempo a perder, e elas precisavam aprender e se prontificar em executar as tarefas dentro do tempo terreno, ou seja, no mundo da matéria. Hilma não desistiu e escreveu: "Descrevo o caminho enquanto o percorro" (KLINT apud LINDÉN, 1998).

Durante sua fase preparatória, os Guias do Alto disseram a Hilma que forças afluiriam para prepará-la e que ela receberia dons como presentes na medida de seu esforço e entrega ao processo. No verão de 1905, novos Guias Espirituais foram mencionados para ajudar nas

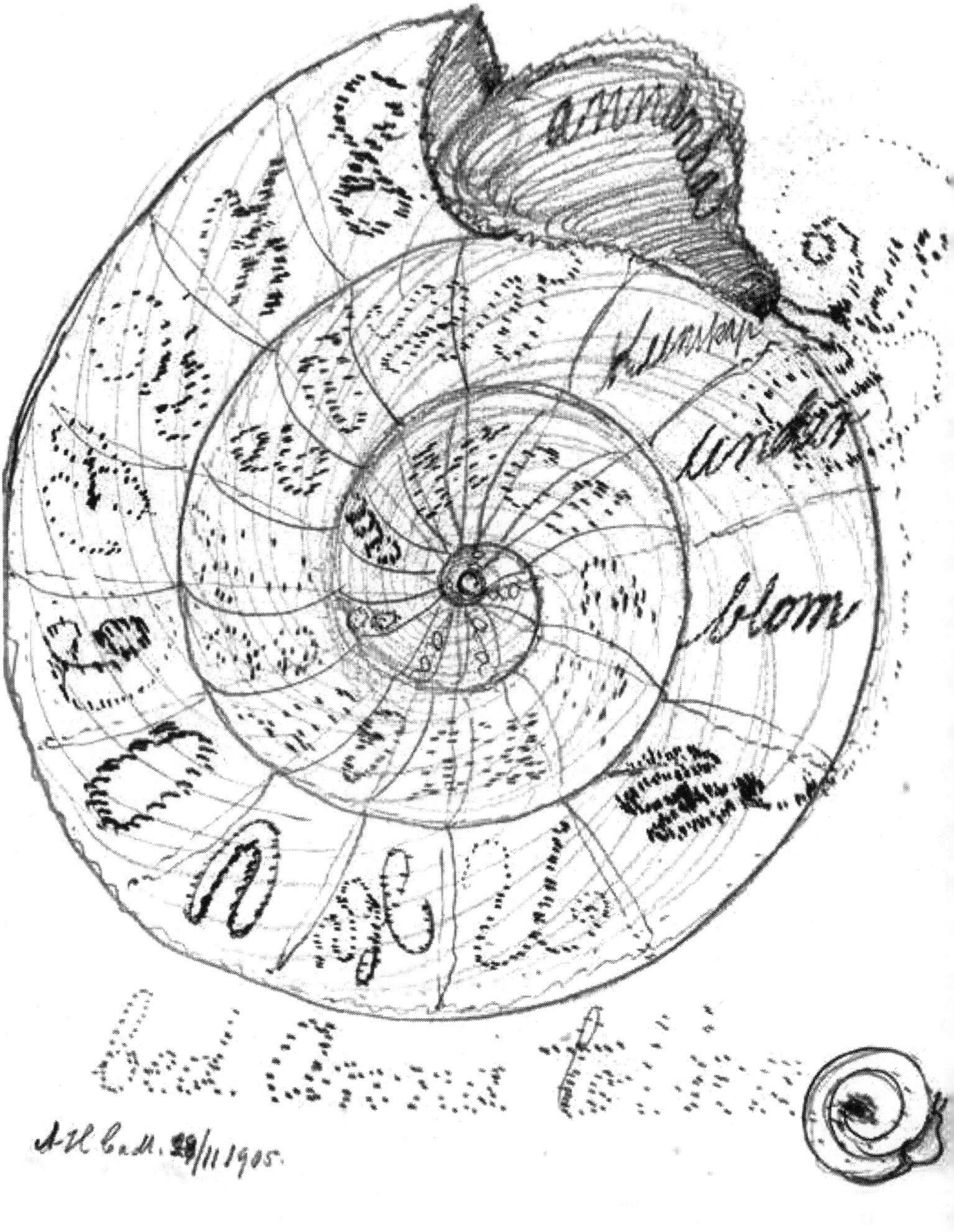

*Desenho a lápis no caderno do De Fem Caderno S13, página 13, 28.11.1905, 25,8 × 19,7*

tarefas. Além de Amaliel e Ananda, Georg apresentou-se incumbido dos ensinamentos práticos de pintura. Foi quando surgiu Gidro, seu Líder pessoal e amigo. Gidro foi descrito como sendo uma parte dela, sua metade, ou seja, seu polo contrário masculino.

> Esther estava no meu lado esquerdo no nível material, Gidro no meu lado direito no nível da alma e Amaliel me observou de cima no nível dos espíritos [...]. Muitos momentos felizes estão diante de mim. Aeons precedeu o nível de desenvolvimento que eu já possuiria (Klint apud Lindén, 1998).[12]

A conquista da consciência sobre a dualidade da alma era uma das principais tarefas que Hilma recebeu. Seu Guia ressaltou a importância do desenvolvimento desses dois elementos, o masculino e o feminino. Caberia a ela alcançar, transmitir e demonstrar a importância deste conhecimento existente em todo ser humano para a integração destas duas partes complementares. O homem deveria reconhecer sua metade feminina e a mulher sua metade masculina. Isto estaria ligado à discussão em torno do *animus* e *anima* que Carl Gustav Jung posteriormente haveria de desenvolver em sua obra dentro de sua abordagem da psicologia analítica.

Desde as primeiras pinturas, a artista recebeu a promessa de que, ao produzir as pinturas com base em desenhos, ela se apropriaria dos dons da escuta e da visão suprassensível. Foi nesta etapa que ela relata que também recebeu o dom de curar com as mãos.

> *Uma noite após ter sido proferido que receberia dons de cura, ela acordou e percebeu a presença de seres luminosos em seu quarto. Após tantos anos de dedicação, enfim começava a receber sinais para as perguntas que carregava em seu coração. Qual seria de fato sua tarefa? Como poderia servir ao Cristo? A quem serviriam seus dons? Seu esforço tinha um sentido, havia alegria e medo. Gidro e Agnes a conduziram. Diante dela uma fonte jorrava cores luminescentes que*

[12] Trata-se aqui de uma referência ao tempo de Aion, deus grego, representante do tempo numinoso. Aion traria à ordem temporal mundana uma temporalidade própria dos deuses, libertando o homem da fatalidade imposta pelo tempo do deus Kronos, que devora um filho por dia (como os dias são devorados pela passagem da vida até a inexorável morte). O contato com outra ordem espiritual seria a conexão com esta outra maneira de experimentar o tempo, por isso, mesmo o menor instante é dotado da eternidade dos deuses, sendo um portal para a iluminação ou para o êxtase sagrado.

*dançavam em movimentos espiralados. Os seres a levaram para debaixo da fonte, mergulhando-a dentro dos fluxos como um batismo, ela pensou. Quando acordou de manhã, suas mãos formigavam, seu coração emanava uma luz verde esmeralda que só ela via. Desde aquele dia toda vez que pintava sentia que de suas mãos fluíam as forças de cura para a pintura.*

Vários seres diferentes conduziram sua mão nesta fase, segundo conta em seu livro a pesquisadora G. Lindén (1998). Entre eles, estava um monge do século XV da ordem Rosa-Cruz:

> Ele era um monge em um mosteiro franciscano e pintou a Virgem Borgiana da Páscoa. Seu nome não é mais conhecido. Outro foi Ovatius, que viveu na Espanha no século XVI. Ele explica o assunto assim: "Gidro é influenciado por mim e ele o conduz. Eu não sou capaz de fazer isso sozinho, mas meu sentido artístico influencia Gidro e ele conduz sua mão". Estes são irmãos e irmãs de Ararat e trinta deles apoiam Hilma. Os Mais Altos Poderes são de uma hierarquia diferente e são explicados como pertencentes a Cristo. Aqueles que seguem o grupo são frequentemente conhecidos como irmãos e irmãs da Cruz Branca (LINDÉN, 1996).

Os manuscritos produzidos paralelamente às pinturas, ao longo deste período, estão carregados de mensagens codificadas; e as imagens criadas, em sua maioria, estão repletas de símbolos, letras e formas geométricas, que exigem um esforço muito mais complexo para sua compreensão. As entidades preveniram-nas a respeito das expectativas, nos Cadernos do De Fem, datados entre 27 de fevereiro e 2 de março de 1907:

> Não espere que os signos e símbolos que você elaborou com muito esforço sejam compreendidos pelos irmãos que você encontra, mas trabalhe bastante para o futuro. Esta saga vai ser uma grande bênção para seus próximos. Um dia você vai se alegrar por não ter abandonado esta aventura [...]. As imagens devem se dissimular aos olhos do público antes de o tempo de aparecerem chegar.[13]

[13] Cadernos De Fem, entre 27 fevereiro e 2 de março de 1907. Tradução do inglês de Caroline de Rosso.

Embora o leme da embarcação tenha sido colocado pelos Mestres do Alto nas mãos de Hilma, há registros do desempenho das artistas amigas, Anna Cassel e Lotten Ronquistt, que apareceram nesta fase dos trabalhos, indicando que algumas tarefas eram divididas na execução das pinturas. As outras do grupo participaram com seu apoio e constante colaboração. Elas se reuniam regularmente. Liam a Bíblia, oravam, estudavam as palavras e as imagens que vinham até elas. Todas seguiram o mesmo caminho de desenvolvimento, apesar de Hilma ser a primeira:

> É extremamente importante que vocês se unam com fé verdadeira umas às outras e que se inclinem em uma oração comum com humildade, pois somente se seu poder se tornar plenamente unido, o pilar será constituído como deveria. Você, Hilma, está especialmente atenta para assumir uma posição de líder, isto é, você é colocada na vanguarda porque, em uma encarnação anterior, você pediu permissão para se sacrificar totalmente (LINDÉN, 1998, p. 28).

Contudo, verificou-se também nas anotações que antigas integrantes do De Fem hesitaram em realizar as tarefas, e Hilma, integralmente, as assumiu. A partir de 1907, Sigrid e Cornelia se afastaram do grupo por motivos não esclarecidos. Novas escolhas? Exigências matrimoniais? Ou será que perceberam que os dons mediúnicos não eram suficientes para realizar a tarefa que exigia outras habilidades com as pinturas? Suponho que a imaginação artística de Hilma af Klint e das outras estava diretamente influenciada também pela literatura oculta e pelas ideias que elas estudavam. Hilma af Klint se dizia acordada para realizar o trabalho, entretanto se descrevia como uma ferramenta transmissora do processo, atuando como intermediária entre o mundo invisível e o visível sem questionar as tarefas que lhe eram passadas. É como se ela entrasse em uma condição de criatividade primitiva em que tudo fluía para ela. O processo era rítmico e os desenhos evoluíam nas representações.

O método de trabalho implicava, somando-se ao ritual prévio de sempre, uma nova metodologia, que envolvia, além da escrita e registro das indicações e mensagens, a elaboração dos desenhos e representação da linguagem simbólica. Como disse, havia uma grande angústia em Hilma af Klint, que recebia as imagens mas não conseguia compreendê-las. Em alguns momentos nos diários havia indicações de que se abria um diálogo para perguntas e respostas. Feita a pergunta, a resposta surgia em forma de imagens. Assim como em um estado de sonho, a resposta aparecia como representação imaginativa e tomava forma. Para ela, que estava interessada em conteúdos além do resultado artístico, nem sempre a resposta trazia alívio. Porém, novos elementos e motivos emblemáticos se revelavam em imagens abstratas cada vez mais surpreendentes.

É possível encontrar paralelo em outras individualidades artísticas, cujo processo criativo foi vivido em suas diferentes maneiras. Para alguns, não havia nenhum tipo de conflito que recebesse uma ideia ou um impulso proveniente de campos desconhecidos da personalidade. Eles processavam a ideia com sua consciência cotidiana, buscando novas inspirações do inconsciente e, de repente, o trabalho estava pronto como uma criação artística única. O acaso é associativamente processado e, de repente, surge uma imagem totalmente inesperada. Que grande descoberta para um artista! Isto não é incomum. Pessoas criativas experienciam fenômenos semelhantes em diferentes ocasiões. Cientistas, poetas, pintores e músicos encontraram soluções para problemas de diversas instâncias de âmbito científico ou artístico. Alguns descreveram experiências durante sonhos ou até em estados febris, relatando que ao despertarem, recebiam a solução para o que havia tempos estavam refletindo. Foi assim com o pintor e poeta William Blake (Blunt, 1959), também para Goethe e muitos outros (Müller-Freienfels, 1923, p. 153; Lowes, 1951).

Pintores abstratos como Kandinsky, Malevich e Mondrian, viveram intensamente o debate artístico contemporâneo e chegaram à arte abstrata. O fato de terem estudado ideias metafísicas do ocultismo, como Madame Blavatsky, Krishnamurti e Rudolf Steiner, pareceu tê-los colocado em um tipo de preparação para produzir imagens não figurativas (rinGBorn, 1966, p. 386 – 418). Para Vassily Kandinsky (1866 – 1944) era óbvio que uma nova era estava em andamento. Ele descreveu, com vários exemplos, em seu importante trabalho de 1910, *Do espiritual na arte*, que a humanidade não estava apenas diante de um ponto de virada espiritual que iria mudar tudo, mas também vivia em meio a uma transformação cataclísmica. Kandinsky lutou por uma alma espiritual na arte e, assim como Malevich e outros artistas da época, estava interessado e ocupado em produzir uma solução radicalmente nova em suas pinturas, buscando expressar o mundo em processo de desmaterialização. Podemos então deduzir que ambos, tanto os modernistas quanto as artistas do De Fem, entraram no mundo do inconsciente acessando os seus arquétipos inspirados pelo *Zeitgeist*, ou espírito do tempo. O que me parece ser a diferença crucial entre os dois grupos é o fato de que a busca dos artistas modernistas pelo ocultismo era uma maneira de se chegar a algum resultado pictórico, o que, consequentemente, acabou por inaugurar um novo modo de representação na arte. Além do detalhe relevante de serem todos homens, não agregando nenhuma carga extra de estranhamento na sociedade, ao contrário, todos estavam publicamente inseridos no mercado de arte, buscando reconhecimento e fama. Hilma af Klint e suas amigas, no entanto, trabalhavam em secreto silêncio e se colocaram à parte de todo movimento abstracionista e artístico de sua época. Toda sua busca estava baseada no conhecimento e sentido espiritual, e, além do produto, Hilma estava interessada no processo, entendendo que a arte era um meio e não o fim.

*Enquanto elas desapercebidamente buscavam desvendar os mistérios trabalhando em pinturas secretas naquela remota península glacial, em algum outro lugar do mundo artistas, cientistas e místicos também acordavam todas as manhãs cheios de ideias, pesquisando, criando, descobrindo e desenvolvendo seus projetos em profusão. Será que tinham dimensão de que estavam fazendo história?*

# Conhecimentos Superiores

*É por dentro das coisas que as coisas são.*
*O mergulhador abre os olhos dentro do mar.*
*O alpinista abre os olhos não além da montanha.*
*Mas dentro dela, partindo dela.*
*Os viajantes modernos atravessam o interior*
*das nuvens. É por dentro que as coisas se revelam.*
*O orante abre os olhos dentro de Deus.*

José Tolentino Mendonça

Na casa dos 40 anos, Hilma af Klint ainda se considerava uma mediadora de revelações sobre o passado da humanidade através das mensagens recebidas por seres que se apresentavam como Guias dos Altos Poderes Espirituais. Segundo a escritora Gurli Lindén, que dedicou cinco anos de pesquisa lendo todas as centenas de páginas dos diários, os Altos Líderes encontravam-se posicionados em uma hierarquia em diferentes níveis e estados de consciência. Tinham conhecimento dos segredos que aqui na Terra chamamos de conhecimento místico ou oculto, pois todos diziam ter vivido em alguma época da história da humanidade, segundo eles, como uma etapa experimental para o seu desenvolvimento. Motivados por apoiar o florescimento do amor em relação ao que vivenciaram enquanto viveram a experiência humana, assumiram a escolha da liderança em prol da humanidade.

> Por conhecimento oculto, entendi, a saber, todo o conhecimento que não é o dos sentidos, não o do intelecto, não o do coração, mas sim a propriedade que pertence exclusivamente ao aspecto mais profundo do seu ser [...], o conhecimento do seu espírito [...]. Aqueles que estão no poder do conhecimento oculto são os mais facilmente capazes de passar pela Força Divina. Você pode então pensar o que vai querer desta Força Divina.
> É inteiramente natural que os que estão em posse de tais forças devam acreditar em sua origem. E o que é a crença, senão a firme convicção de que, em primeiro lugar, existe um poder maior do que todos os outros e, em segundo lugar, existem forças poderosas que dependem dos mais altos, por meio dos quais os talentos menos desenvolvidos podem entrar em ascensão com isso. A crença é o resultado do conhecimento (LINDÉN, 1998, p. 13).

É assim que Gregor, o principal professor, explicou: "Afinal, quem seriam esses seres?" Em uma das conversas que Erik af Klint teve com sua tia sobre este assunto, Hilma disse que alguns deles eram originados do Tibete, e que *As Pinturas para o Templo* seriam mensagens emolduradas para o conteúdo espiritual que guardavam. Entre 1913 e 1914, ela fez anotações posteriores em relação ao questionamento sobre a origem de seus Mestres. Foi quando apareceu a menção a uma Força Deva que estava presente no Tibete e que atuava com notável poder mental:

> Monte Ararat está sendo preparado em todos os corações. Estas montanhas são ocupadas por seres astrais que estão preparados para seguir adiante. Eles prefiguram os mais maravilhosos momentos, os sinais dogmáticos. O Tibete tem seres ainda mais brilhantes. Eles ficam como guardiões da humanidade e transmitem seus pensamentos (LINDÉN,1998, p. 8).

Um elemento interessante está no fato de os Guias afirmarem pertencer à corrente budista e, no entanto, todos declararem que a missão que se apresentou para Hilma e suas amigas deveria surgir para ressuscitar o Cristianismo na sua forma original. Também se afirmou que Hilma deveria continuar o trabalho de Blavatsky e que aqueles que a levavam pela mão eram rosacruzes e teosofistas.

A encomenda das *Pinturas para o Templo* não envolvia a construção de um local propriamente dito. As imagens deveriam servir como portais ou como páginas em livros vindas de uma biblioteca espiritual, que traria luz e sabedoria às almas necessitadas por lembrar de sua origem divina. Os Mestres almejavam que os princípios e leis eternas pudessem ser representados de modo a expressar a imortalidade do ser humano. É importante entender a intenção. Em uma das etapas de sua preparação Hilma escreveu:

> Os Anfitriões têm uma origem messiânica, vieram para dizer que tais seres aceitaram a fé cristã e entenderam a mensagem do Mestre assim, e pensaram que seria em benefício do Mestre erguer novamente um Templo sob uma nova aparência e tentar despertar interesse das pessoas em erguê-lo. Não é tão importante terminá-lo no futuro imediato, mas muito importante que seja entendido. Como meio, fiz alguns esboços para isso (KLINT apud LINDÉN, 1998, p. 14).

Este novo Templo a ser construído na Terra situar-se-ia dentro da alma humana e, para que este novo impulso de Cristo alcançasse a humanidade, deveria ser elevado a um nível superior. Hilma e o grupo foram as precursoras dessa tarefa. Elas estavam conscientes do fato de que eram pioneiras e, ao mesmo tempo, sabiam que este impulso vinha com elas de suas antigas e profundas raízes. A informação de que haviam servido em tempos diferentes ao mesmo ideal foi trazida para esclarecer a importância de assumirem a missão, desta vez de uma nova forma.

As pinturas passaram a ser desenvolvidas em séries, numa complexa configuração com subgrupos numerados e registrados remetendo à pesquisa científica. Hilma não assinou as *Pinturas para o Templo*, possivelmente porque não se considerava autora da encomenda e, apesar de ter assumido a tarefa por todas, não pintou sozinha, embora fosse aquela que liderou o recebimento e desenvolvimento das criações até o fim, recebeu ajuda na execução. O primeiro grupo preparatório foi chamado de *Caos Primordial* e consistiu em 26 imagens. De acordo com Hilma, essas pinturas foram criadas sob a orientação do Mestre

Superior, provavelmente Ananda. Ela descreveu o método detalhadamente em suas anotações:

> Você deve apresentar a ideia de evolução em círculos sempre mais largos e essa evolução é o que dará cor e forma ao que você irá construir. Em todo o seu trabalho e, no mais íntimo, em cada trabalho você vislumbrará a grande vida, forte, dando espírito e forma a tudo o que é. Além disso, veremos que esta forma aparece de um caos inicial para uma nave final purificada para a vida Divina e inerente (Lindén, 1998, p. 26).

*Caos Primordial*

Iniciada em 1906, a série do Caos foi pintada basicamente em tons de azul, amarelo e verde e nos remete ao Gênesis e suas evoluções que abrangem os diferentes aspectos da vida, a começar pelas metamorfoses entre as polaridades céu e terra, fogo e água, luz e sombra, vida e morte. Esta série apresenta letras e símbolos que depois retornam de forma mais simplificada até *As Dez Maiores*. Segundo explicaram os Guias, "O objetivo do idioma alfabético é criar um ensino comum para todos os povos, tanto cristãos como não cristãos". Hilma descreveu que "Havia uma grande quantidade de linguagem alfabética e o objetivo era falar com mais facilidade em mensagens curtas". Como exemplo, as palavras asceta e vestal, que aparecem desde a primeira série, representam os dois aspectos humanos da antiga iniciação, quando aqueles que buscavam evolução espiritual afastavam-se do mundo e viviam isolados da vida cotidiana.

Segundo Gurli Lindén, os sinais alfabéticos também desempenharam um papel importante na arte tibetana. Esta arte faz parte dos ritos religiosos. Lama Anagarika disse sobre a arte tibetana em *Pensamentos sobre o Budismo* (1987):

> A arte tibetana, que o mundo ocidental está apenas começando a notar, tem mais a oferecer do que um prazer meramente estético. Baseia-se em experiências de meditação e uma riqueza de símbolos arquetípicos. Estes manifestam alguns dos mistérios mais profundos do espírito humano e fornecem uma chave para muitos dos problemas da psicologia da profundidade moderna. A maioria das imagens descritas em obras iconográficas não deve ser entendida

como divindades que existem separadamente da pessoa que medita, mas, sim, como projeções conscientes da experiência meditativa como são descritas nos textos Sadhana [*as instruções de treinamento*] (LINDÉN, 1998, p. 26).

As letras – W = matéria, U = espírito e H = ponte de conexão de amor, entre as duas polaridades – também se tornaram uma marca recorrente. Palavras como Eros e *Kärlek* – amor em sueco –, também apareceram. A rosa e o lírio, assim como as cores amarelo e azul, trazem os aspectos da alma masculino e feminino, respectivamente. Desde a primeira série, também aparece a cruz e o trigo como símbolos cristãos, assim como o caramujo que traz a espiral em sua casca e a vida em seu interior.

Na sequência, vieram as oito pinturas *Do Lírio e da Rosa* ou *WU* executadas de janeiro a setembro de 1907, com imagens em tons pastéis rosados e alguns lembrando partituras musicais. Dentro da mesma nomenclatura *WU*, surgiu um subgrupo denominado Grupo III, em que figuras humanas foram mostradas em posições que ora lembravam estados de contemplação e sacrifício e ora lembravam imagens de um casal entrelaçado. Formas geométricas interagiam com as figuras humanas. Nesta série há uma variação do tema de forma abstrata entre uma pintura e outra. Assim, Hilma descreveu concretamente como as quatro primeiras imagens figurativas que faziam parte da *WUS* surgiram:

> Dentro de mim eu podia ler seu tamanho (158 cm × 114 cm). Acima do meu cavalete eu vi um sinal de Júpiter. Iluminado poderosamente e visível por vários segundos. O trabalho começou então imediatamente e prosseguiu para que as imagens fossem pintadas por mim sem qualquer desenho anterior e com grande força. Cada um demorou seis dias e foi-me dito para não deixar as pinturas serem vistas por outras pessoas (LINDÉN, 1998, p. 26).

Especificamente esta série apresentou um grande número de esboços, traçados nos cadernos a lápis, e alguns estudos em preto e branco, indicando que foram criteriosamente orientados até que fossem escolhidas as imagens que deveriam ser pintadas nas telas.

Em outubro de 1907, começam a ser realizadas *As Dez Maiores*, cujo propósito, segundo as instruções dos Líderes, era levar uma visão panorâmica das diferentes épocas da vida humana, subdivididas em quatro fases: infância, juventude, idade adulta e velhice. As dimensões eram muito maiores que as outras e o grau de dificuldade em executá-las também. Foram pintadas sobre papelão e, posteriormente coladas em canvas, provavelmente por não terem condições de adquirir as telas naquela dimensão. Para uma artista de 45 anos, que trabalhou isolada em seu estúdio, devia ser desafiador. As telas eram de dimensões duas vezes maiores do que ela. As pinturas eram enormes – três metros e meio –, e ela media pouco mais de um metro e meio. Possivelmente ela pintava no chão. Diferente da maioria das séries, que encheram os cadernos de estudos e desenhos preliminares, nesta série, *As Dez Maiores*, não havia nenhum esboço. A artista descreveu sua experiência, na qual sua mão foi guiada enquanto pintava:

> As imagens foram pintadas diretamente através de mim, sem desenhos preliminares e com grande força. Eu não tinha ideia do que as pinturas supostamente deveriam representar. No entanto, trabalhei de forma rápida e segura, sem mudar uma única pincelada (Müller-Westermann, 2013, p. 38).

Na primavera de 1908, chega a série *WUS*, também denominada *As Estrelas de Sete Pontas ou Plêiades*, composta por arabescos e fluxos em linhas vermelhas, amarelas e azuis sobre um fundo claro. Esta complexa série foi trimembrada em sete pinturas cada, somando um total de 21 pinturas. O tema do masculino e do feminino retornou e a palavra Evolução surgiu em torno das figuras. São 16 pinturas a óleo em composições simétricas. A tensão entre as figuras fica evidente com a polaridade do branco e do preto em contrastes sólidos. Simultaneamente surgiram 17 pinturas.

Hilma af Klint provavelmente precisou trabalhar à noite nas encomendas de seus Mestres do Alto. Ela abraçou a exigente tarefa de realizar a série *As Pinturas para O Templo* ao longo de dois anos de trabalho intenso. Durante um tempo, ainda seguiu regularmente com sua carreira profissional de retratista, por conta das exigências práticas de seu sustento.

À medida que mergulhava no mar de suas pesquisas espirituais, sua determinação pela verdade levou-a cada vez mais a um alto grau de disciplina. Acreditava que o aprimoramento de seus dons exigia sacrifícios, mantinha os votos: obediência, simplicidade e castidade. Não é possível interpretar esta última palavra como o fazemos em nosso senso comum. Entendo que está mais associada ao sentido dado à palavra grega *partenos*, virgem, cuja origem está relacionada a um sacerdócio, a "uma denominação funcional que designa aquela que se ocupa do fogo". O fogo como tal está associado ao deus Hefesto, mas o fogo do altar circular da lareira doméstica está associado a Héstia-Vesta. Embora não haja uma conexão direta entre a Héstia grega e as vestais romanas, é possível dizer que a manutenção do fogo da lareira da casa e da lareira real era um nobre sacerdócio feminino, incumbência da filha da casa, antes do casamento.

Hilma emanava um ar misterioso com sua figura ascética, segundo recordações dos moradores mais velhos da ilha de Munsö, onde durante muitos anos ela e suas amigas alugaram uma casa. Era considerada uma pessoa um pouco

*Evolução*

*Grupo 6, Série WUS, Evolução nº 3, 1908*
*Óleo sobre tela – 102,5 × 133,5 cm*

estranha e muito reservada em relação aos homens da ilha. Segundo relatos colhidos no livro biográfico do historiador Åke Fant as crianças não tinham medo dela, ao contrário, achavam-na gentil e amorosa.

As despesas com sua mãe aumentavam, pois à medida que ela envelhecia passou a depender de cuidados constantes, seu estado de sua saúde foi declinando, até o momento em que ficou completamente cega. Em consequência disso, Hilma enfrentou dificuldades na sua carreira formal e em continuar com seu trabalho artístico profissional, ao mesmo tempo em que executava as inúmeras pinturas ocultas. Começou a ficar cada vez mais difícil assumir as encomendas dos retratos e das paisagens. Seus parentes se surpreendiam e se perguntavam como ela conseguia sobreviver economicamente, já que era solteira e não tinha um marido para lhe prover, e apenas compartilhava com sua mãe da módica pensão de seu pai. Além disso, havia também a pequena parcela dos honorários dos registros e das cartas náuticas de seu avô – que ainda eram utilizados pelo governo sueco –, e uma mínima parte dos rendimentos das fazendas da família em Hanmora e Tofta, administrados por seu irmão mais velho. Entretanto, isso não era o suficiente para se manterem sem uma outra fonte de renda. A sobrinha-neta de Anna, Marie Cassel, encontrou cartas que revelam que Anna, com seu espírito generoso, assumia as despesas dos materiais artísticos e suportes para as pinturas.

A partir daquela época suas escolhas de vida, amigos e interesses submeteram-se ao critério de estarem ou não de acordo com sua tarefa sagrada, e se seriam benéficos para a sua missão sagrada como artista do espírito. A cada ano que passava, ela adotava uma vida ainda mais simples e sem distrações, cada vez mais mergulhada em seu caminho monástico.

*As Dez Maiores*

Finalmente, *As Dez Maiores* foram concluídas em um ano e meio, de novembro de 1906 a abril de 1908. Hilma trabalhou intensamente dedicando-se a esta missão e realizando nada mais nada menos do que 111 imagens, para cumprir, até aquele momento, com a encomenda dos seus líderes.

*Quando terminou a última pintura, suas mãos estavam trêmulas. A última tela era diferente das outras nove anteriores. Sabia que pintara a velhice em seu último estágio. O fundo do suporte em papel pardo aparecia entre a camada*

*leitosa e transparente da têmpera branca. As curvas, também em branco, dançavam em torno da simétrica grade quadrada, seria a face de um cubo? Será que um dia quem as encontrasse compreenderia tudo aquilo? O corpo morre, a alma e o espírito transcendem... Não pintei obedecendo a lei da gravidade... Não há um sentido determinado para As Dez Maiores, no mundo da alma não há direção espacial... Ela respirou fundo e, antes de apagar as luzes do estúdio, percorreu o local e se colocou diante de uma das grandes telas que secava pendurada do teto ao chão. Era um portal!... Talvez por isso a exigência do tamanho tão grande... Enquanto as imagens ainda estavam sendo pintadas, o mundo invisível e o mundo material mantinham-se resguardados dentro daquele pequeno lugar. Mas agora que estavam terminadas? O que aconteceria com tudo aquilo? Como compreender toda essência para que as mensagens pudessem ser transmitidas a outros quando chegasse o momento?*
*Quem poderia ajudar?*

Tudo nos sugere que as integrantes do De Fem já haviam ouvido falar em Rudolf Steiner e estudavam suas palavras enviadas de Berlim aos membros da Sociedade Teosófica da Suécia. Sua atuação dentro do movimento teosófico europeu ganhava intensidade à medida que se destacavam seus pensamentos e artigos chegados da Alemanha. Steiner havia assumido o cargo em 1902 como secretário geral da seção alemã da Sociedade Teosófica de Adyar na Índia. Nesta conexão com a Teosofia, Steiner expandiu suas atividades como conferencista e ultrapassou as fronteiras do mundo germânico, atuando em Londres, Bruxelas, Paris e no mundo escandinavo, ganhando projeção nos círculos esotéricos. Annie Besant e ele andavam debatendo as bases da Teosofia e já demonstravam algumas divergências. Além das diferenças entre eles, outros sintomas emergiam à superfície, pois a questão era muito mais profunda. A proposta de Steiner consistia na renovação do conhecimento esotérico para o estabelecimento de uma relação evolutiva do ser humano com o mundo espiritual, adequada à modernidade e ao espírito da época. Esta era a diferença essencial entre as correntes esotéricas e o conhecimento antroposófico que, direta ou indiretamente, contribuíam para o surgimento da Antroposofia. O perfil de Steiner era progressista e o que ele queria era uma metamorfose do conhecimento científico, filosófico, epistemológico e esotérico. Em todo seu direcionamento e por onde atuou, buscou promover esta renovação. Nas palavras de Jonas Bach Júnior, estudioso da obra e biografia de Rudolf Steiner:

> Quando se aproximou da Teosofia pela primeira vez, Steiner já havia publicado artigos e livros a respeito da metodologia de Goethe, que se tornariam o fundamento epistemológico e filosófico da futura Antroposofia a ser fundada por ele. Em 1906, ele inicia uma série de palestras sobre Cristologia, centralizando o papel de Cristo na evolução da humanidade e do cosmos. Annie Besant e Rudolf Steiner se apresentavam como iniciados, com capacidades de percepção suprassensível e como possuidores da verdade. Mas eles não concordavam entre si no que tange à importância do Cristianismo. Em 1907, Besant se torna a presidente mundial da Sociedade Teosófica e mantém-se atrelada à importância da tradição oriental, principalmente do Hinduísmo. Neste mesmo ano, ocorre o Congresso da Sociedade Teosófica, em Munique, quando as diferenças se tornaram claras publicamente. A Cristologia de Steiner envolvia a compreensão do Mistério do Gólgota conectada à reencarnação e ao Carma dos seres humanos. Os caminhos já estavam se bifurcando e Steiner conquistava cada vez mais teósofos adeptos à sua cosmovisão (Bach, 2018).

Compreender os desdobramentos dos fatos que ocorreram neste período – entre 1906 e 1912–1913 – em relação às correntes teosófica e antroposófica, da qual Rudolf Steiner é o protagonista, é de fundamental importância para aquele que queira ter uma imagem verdadeira, clara e profunda de suas influências na vida e na obra de Hilma af Klint. A meu ver, muito além da grande e talentosa artista que era, sua busca envolveu o ideal de evolução espiritual e o forte impulso de conhecimento, fundamentalmente sobre os temas da Cristologia e do Carma, dos quais se ocupou por toda sua vida. Os fatos na biografia de Hilma trouxeram evidências de que, desde o encontro com os pensamentos de Rudolf Steiner, sua atitude em relação ao mundo suprassensível e o seu processo criativo foram visivelmente influenciados. É possível traçar um fio imaginário desenhando os eventos e observando o que se revelou antes e depois deste encontro. Surge um novo movimento de transformação como um ponto de inflexão em uma parábola. Havia um processo de contração e, em seguida, uma abertura em plena expansão de suas ideias e escolhas. Em alguns momentos ela se recolheu, estudou, refletiu para em seguida retornar, a cada nova volta expandindo sua arte em novas imagens e descrevendo suas descobertas cada vez mais conscientemente, como quem se autocartografa.

As propostas fundamentais que Steiner apresentou foram, em grande parte, por ela seguidas até o final de seu fio existencial, sem, no entanto, abandonar sua coerente forma de ser. Sua atitude discreta, porém questionadora, era uma marca admirável de sua alma colorida e, por que não dizer, ousada.

É de fundamental relevância que se construa uma desidentificação sobre os ideais propostos por Rudolf Steiner e suas influências em Hilma com relação às interpretações, atitudes e consequências que ecoaram nos membros e dirigentes da Sociedade Antroposófica a respeito de Hilma af Klint e sua obra, principalmente após a morte de Steiner em 1925.

> *Aos 46 anos, ela ainda era chamada de senhorita af Klint – em sueco, "missar". Usava um vestido preto despojado com a gola branca alta cobrindo todo seu pescoço até quase a altura de seu queixo, os cabelos presos como de costume revelavam alguns fios nevados, que se soltaram ao vento quando ela desceu do bonde no centro de Estocolmo, a caminho da conferência.*
>
> *Ela estava adiantada, mas mesmo assim não havia mais lugares nas primeiras fileiras. Quando a palestra começou, mante-ve-se imóvel e ereta, suas mãos pequenas agitavam-se tentando registrar em seu caderno de notas tudo o que conseguia absorver.*
>
> *"Preciso contar tudo às outras", pensou. Seus olhos enxergaram algo muito além das pessoas e dos objetos daquela sala. Ela estava impactada com o professor. Ele era apenas um ano mais velho do que ela, era um homem alto, tinha um olhar brilhante, vestia-se de forma um tanto original para os moldes da época: um casaco preto na altura dos joelhos e uma espécie de gravata de cetim de seda num verde seco escuro, amarrada ao pescoço. Seu cabelo liso penteado de lado insistia em cair na testa enquanto proferia a palestra numa postura nobre. Ele falava pausadamente em alemão e alguém o traduzia para a língua sueca, intercalando suas frases. Havia calor, amorosidade e energia em sua voz. Ela não tinha dúvidas de que ele poderia ajudá-la a compreender as dezenas de pinturas que havia feito. Quem sabe seus Guias aceitariam que ao menos ele pudesse vê-las...?*

Era o ano de 1908, Steiner proferia um ciclo de palestras na Escandinávia e em outros países. Com seu carisma e ideias inovadoras, atraía, entre outros ramos da ciência, artistas como Kandinsky, que recebeu influência das correntes ocultas enquanto buscava renovação e orientação ao seu processo criativo. Mondrian igualmente tentou contato com Steiner, pedindo seus conselhos, entretanto, ele nunca respondeu suas cartas.

Não se sabe se ela o abordou após a audiência ou se simplesmente saiu sem ser percebida. Mas o fato é que na sessão seguinte, perguntou aos seus Guias se poderia mostrar ao Dr. Steiner suas pinturas. A resposta atestou o que sua intuição já havia indicado: sim, ele estava autorizado a ver as 111 obras para O Templo.

Hilma af Klint foi uma ferramenta fiel e dedicada, executou a tarefa em cega obediência, porém sentia-se incapaz de compreender as mensagens. Precisava de ajuda ou ao menos de um interlocutor mais próximo que tivesse a capacidade de acompanhá-la na interpretação dos símbolos e da essência de tudo aquilo. Era como se estivesse recebendo um tratado alquímico capaz de curar e ajudar a humanidade, mas não tinha conhecimento suficiente para traduzir seus sinais e fórmulas. A busca por explicação a respeito do que estava sendo produzido em torno daquele ano, indicava que havia uma inquietação na compreensão e sentido do que se revelava nas obras à medida que as séries eram concluídas. As descrições dos diários durante as sessões subsequentes às pinturas eram enigmáticas e mesmo hoje, para aqueles que puderam ter acesso aos diários desta fase, não se pode fazer uma relação literal das mensagens com as imagens. Hilma af Klint e suas amigas confiavam que Steiner teria a capacidade de ajudá-las e, em função disso, escreveram-lhe pedindo que visitasse seu estúdio.

*Naquela tarde, elas se encontraram mais cedo para redigir a carta. Após a sessão de sexta-feira, Hilma e suas amigas estavam muito animadas com a chance de poderem receber as orientações do Dr. Steiner o mais breve possível. Ele tinha compromissos e cursos em Kristiania agendados naquela época, elas aproveitaram a oportunidade para convidá-lo ao ateliê. Esboçaram juntas o texto, Anna com seu inglês impecável traduziu a carta e Lotten copiou com sua caligrafia bordada. Como Hilma foi a interlocutora do processo, assinou em nome de todas as outras amigas.*

*Hilma af Klint em 1910.*

Estocolmo, 26 de junho de 1908

Doutor Rudolf Steiner,

Recebemos a última das pinturas em 28 de abril através do meu Guia e mestre, e imediatamente escrevo para o senhor, pensando que o Dr. Steiner irá responder quando puder.
Após me aconselhar com alguns membros da Sociedade Teosófica, pergunto se seria possível o senhor vir a Estocolmo na volta de Kristiania.
As pinturas são muitas e são grandes e não tenho como ir até o senhor. Por favor, faça isso, se o senhor tiver algum tempo!
No que diz respeito a todas as despesas, serei eu e minhas amigas que responderemos por isso. Peço-lhe que envie algumas palavras, se possível.
Meu professor colocou o senhor no meu caminho e acho que é para me ajudar a entender o trabalho.
Não seria hora de receber uma declaração sua como Rosa-Cruz?

Meus grandes cumprimentos ao senhor.
Sua afetuosa,
Hilma af Klint Brahgatan 52, Estocolmo[14]

[14] STEINER Arquiv, Goetheanum, Suíça.

A resposta chegou em menos de um mês:

*Kristiania, 18 de julho de 1908*

*Cara Senhora,*

*Meu tempo está muito tomado neste verão, e só com grande dificuldade eu poderia tornar possíveis os dias necessários para um curso e palestras em Kristiania. Não há mais tempo agora à minha disposição, por causa de uma série de palestras começando em Stuttgart nos primeiros dias de agosto, portanto, não há possibilidade de fazer uma viagem para Estocolmo. Mas, acima de tudo, não vejo qual seria minha tarefa. O que eu devo fazer no seu caso não está evidente, pois é de se supor que você tenha plena confiança em seus mestres. Enquanto você os tiver, certamente não precisa de mim, mas se precisar de algum conselho "oculto" estou à sua inteira disposição.*

*Com saudações cordiais,*
*Dr. Rudolf Steiner*
*Ljan bei Kristiania Hammers Pension.*[15]

[15] STEINER Arquiv, Goetheanum, Suíça.

A correspondência trocada sugere que eles já se conheciam, ou que haviam de alguma forma conversado. Há uma intimidade na forma como ela o aborda e fala imediatamente sobre as obras na primeira frase da carta, como se ele já tivesse conhecimento do assunto. Outros dois fatos chamam a atenção nas cartas encontradas nos arquivos de Rudolf Steiner em Dornach, na Suíça alemã. Primeiro, a caligrafia. A carta parece ter sido redigida por outras mãos – talvez por ter sido escrita no idioma inglês. Segundo, ela se refere às despesas da viagem de Steiner a Estocolmo em nome das outras, sugerindo que escrevia em nome de todas as mulheres do De Fem. Hilma parece não ter nenhuma ressalva em declarar a Steiner que o seu professor e guia – provavelmente Amaliel — havia autorizado, ou melhor, recomendado que ela o consultasse.

Rudolf Steiner e Hilma af Klint eram filhos da mesma safra de seres humanos destinados a viver na virada do século, em que as intensificações e as polaridades em todos os aspectos da vida humana e da alma estavam chegando a níveis extremos. Ambos haviam passado por situações singulares e possuíam dons clarividentes inatos e, em suas biografias, a perda de um ente amado provocou a busca por aprender e compreender o que havia além, no mundo dos espíritos. E, nesta busca, eram sérios estudiosos e haviam abraçado a Teosofia até então como sua corrente espiritual oculta. Posteriormente outras afinidades apareceriam.

Àquela altura de sua vida, ela havia servido por anos aos seus Guias do Alto, pintando, desenhando e registrando com suas amigas as mensagens que ditavam. Obedientes, não as mostraram a ninguém, os Guias do Alto eram enfáticos em alertá-las a respeito disso. Como foi difícil esconder as pinturas, pois mesmo com ajuda de suas amigas, era ela quem assumira a tarefa principal. Foi preciso preparar o suporte em papel no chão, pois não havia condições de pintá-las verticalmente. Como conservá-las para o futuro sem que se danificassem? Que boa solução Anna e Lotten haviam dado quando sugeriram que depois colassem em canvas os enormes papéis pintados! Nem os Mestres do Alto haviam pensado em uma solução tão prática! Será que o doutor vai nos dizer o que fazer com elas até que chegue o tempo de apresentá-las ao mundo? Todos estes pensamentos a invadiram na noite insone que precedeu a visita do Dr. Steiner. Hilma estava muito confiante e cheia de expectativas a respeito daquele encontro, esperava poder ter as respostas que não encontrou sozinha.

> Enfim o momento estava próximo, elas estavam agitadas preparando tudo até a hora marcada, tentavam distribuir as pinturas pelo ambiente para que o doutor tivesse condições de examiná-las. Ele chegou acompanhado de Anna. Eles conversavam no idioma britânico, embora Anna dominasse o alemão com certa facilidade. Durante o tempo inicial, Hilma apresentou cada série e com ajuda das amigas fez um resumo dos últimos dez anos apresentando seus Professores do Plano do Alto, também mostrou os registros dos diários. Steiner escutava tudo em um silêncio profundo e enigmático.

Comprovadamente, Rudolf Steiner visitou seu estúdio naquele mesmo ano. Há um pequeno bilhete com a letra dele colado e datado em um dos diários do De Fem, e logo abaixo a caligrafia de Hilma, atestando que eram os comentários do Dr. Steiner – como ela sempre se referiu a ele. Existem também registros dela contando as observações e comentários que ele fez a respeito das pinturas. Ele gostou das pinturas e desenhos da série Caos Primordial, considerando-os os melhores trabalhos em termos de simbolismo. No entanto, Steiner tinha reservas quanto ao método de trabalho mediúnico. Segundo ele, o processo inconsciente em que o médium entrava em transe, era um método que excluía a identidade de quem estava a serviço das entidades. Anulava-se assim a possibilidade de interação e desenvolvimento de quem transcrevia as mensagens, que ficava reduzida ao automatismo inconsciente. Ele acreditava que este método fazia parte da antiga iniciação, era o momento do ser humano se conscientizar de suas escolhas e ações.

Existem poucas anotações sobre a visita de Steiner, entre elas estão algumas ressalvas a respeito do uso da cor preta nas pinturas da série *Evolução*. Nesta mesma série, ele pontuou divergências a respeito da representação da dualidade do feminino e do masculino na obra. Hilma af Klint esperava que ele interpretasse o trabalho, porém, em vez disso, ele profetizou que as mensagens e os desenhos simbólicos ali retratados precisariam esperar no mínimo cinquenta anos, até que aparecessem pessoas capazes de compreendê-las. O que, a meu ver, é um indicativo

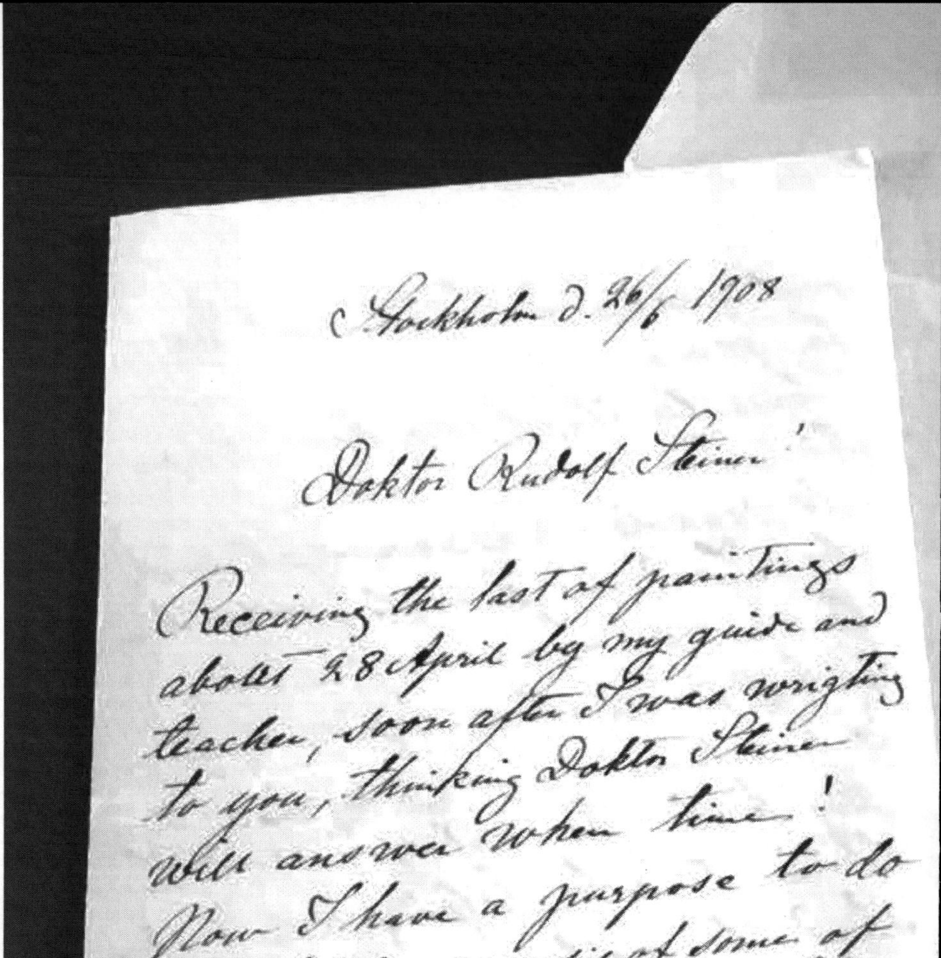
Stockholm d. 26/6 1908

Doktor Rudolf Steiner!

Receiving the last of paintings
about 28 April by my guide and
teacher, soon after I was wrigting
to you, thinking Doktor Steiner
will answer when time!
Now I have a purpose to do
after taking counsil of some of
the members in "Teosofiska Samfund
asking you, if it should be possi
ble for you to go to Stockholm
when you get home, from
Kristiania. The paintings are many

*Cartas de Hilma af Klint para Rudolf Steiner – Arquivos Goetheanum*

Dornach d. 24/4 1924

Herr Dr. Steiner

Sollen die Gemälde welche durch mich ausgeführt worden sind von 1906 bis 1920, und von welchen Sie Herr Dr. einmal einige gesehen haben, zerstört werden, oder sind sie irgendwo anwendbar?

Mit grosser Ehrfurcht

Hilma af Klint
Haus Kölliker Dornach

do que pode ter sido mais desafiador para Hilma foi o fato de ele ter perguntado a ela: O que de sua própria história estava ali representado?

Até o momento, considerava-se apenas uma ferramenta que executou uma encomenda a pedidos Superiores para a humanidade. Aquelas imagens não eram dela, simplesmente as reproduziu.

Além da provocação em relação ao tempo de espera para que a obra pudesse ir ao mundo, Steiner deu pequenas indicações escritas. Posteriormente, o pequeno pedaço de papel foi cuidadosamente colado em uma das páginas do caderno:

S = a (espaço) = serpente
U (espaço) = a = alfa
W (espaço) = w = ômega

Como dito anteriormente, os desdobramentos daquele encontro podem ser considerados um divisor de águas na biografia de Hilma af Klint. Ela se recolheu em um período de introspecção e silêncio. Por quatro anos não executou nenhuma pintura, com exceção da encomenda de um retrato. Havia a situação da cegueira de sua mãe, que cada vez mais exigia cuidados. Outros relatos interpretaram esta pausa como um período de depressão. Após executar mais de cem pinturas, estava esgotada.

Outros fatores de igual legitimidade foram relevantes deste tempo, justificando a pausa de quase quatro anos. Trata-se das expectativas depositadas em Rudolf Steiner. Seu veredicto de que parte das pinturas era autobiográfica pode ter levado Hilma a uma profunda reflexão. São de Steiner as seguintes palavras:

> Quem faz as experiências corretas com o naturalismo e o misticismo diz a si mesmo o seguinte: a essas duas espécies de conhecimento é preciso acrescentar a procura de um outro, que aproxime o mundo exterior da vida interior humana mais do que se passa com as Ciências Naturais e que, ao mesmo tempo, submerja mais profundamente a vida interior no mundo real do que pode fazê-lo o mero misticismo. Tal conhecimento pode ser chamado de antroposófico, e o saber da realidade obtido por ele, de Antroposofia – pois ele deve partir da ideia de que o verdadeiro homem (*anthropos*) oculta-se por detrás daquele que é revelado pelo naturalismo e cuja vida interior é encontrada na vida comum (Steiner, 1991, p. 27).

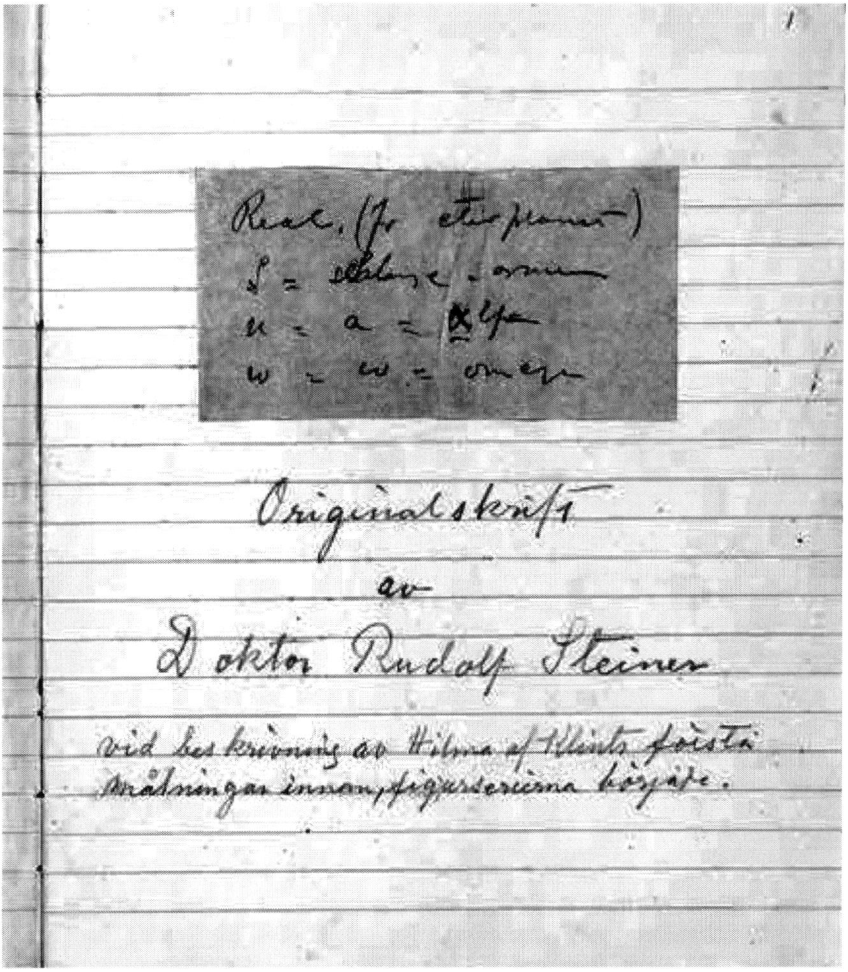


*Bilhete de Rudolf Steiner colado no diário de Hilma af Klint na ocasião de sua visita ao estúdio, em 1908.*

Além disso, os Mestres já haviam dito que ela pintava para o futuro, mas Steiner foi preciso em afirmar que meio século seria o tempo de espera. Quando se inaugurasse este tempo, nem ela, nem nenhuma de suas amigas estariam vivas. Parecia que não tinham dimensão sobre as consequências reais do que estavam assumindo. O que faria ela com todo aquele montante de pinturas e mensagens já que nem ela, tampouco Anna, tinham herdeiros diretos ou sequer pessoas capazes de acolher aquelas imagens a ponto de se responsabilizar por elas? Ela confiava e respeitava Rudolf Steiner, estudou suas palestras e livros, e lutou verdadeiramente em busca de compreensão e respostas para suas perguntas, sem, contudo, abandonar ou desprezar seu passado e seus Guias Espirituais. O princípio das sequências encarnatórias e evolutivas da humanidade era um tema que ela já conhecia. Em algum momento durante aqueles anos, Steiner falou sobre o Carma e temas da Cristologia. Como iniciado, acessou memórias de antigas encarnações individuais e da humanidade como corrente evolutiva. Não há como afirmar se Hilma foi orientada por ele nesta pesquisa, entretanto, existem pinturas em 1912 e 1915, respectivamente, em que ela representou uma série onde uma freira e um monge estão em oração, em estado de êxtase e meditação. A respeito das pinturas, ela se referiu às imagens como se fossem antigas memórias de sua existência em outra época. Pouco a pouco a visão sobre o Carma e o destino ganharam uma nova perspectiva, na medida em que percebeu que sua busca espiritual exigiria uma revisão profunda em sua antiga forma de se relacionar com o mundo da matéria e do espírito. E quem sabe, a partir desta nova percepção, as polaridades e dualidades poderiam encontrar um lugar de integração dentro de sua alma?

*Diante dela, as imagens se apresentavam. Sua alma carregava as impressões de tempos muito antigos. Embora fosse uma mulher corajosa e dotada de grande força volitiva, uma parte ainda guardava impressões imaturas de comportamentos inconscientes. À medida que avançava em seus estudos e meditações, lutava para encontrar a nova senda luminosa que a levaria adiante. Desde a virgem vestal, que mantinha o fogo do templo acesso dia e noite, à monja, ou monge, que dedicara uma existência em clausura. Contemplando e orando, presos a dogmas religiosos rígidos e exigentes. Era preciso sair do claustro e criar uma nova relação no mundo. Era chegado o tempo de renovar a frase escrita no limiar do velho santuário, que dizia: Homem, conhece-te a ti mesmo! O tempo de Mestres e obediência havia acabado. Anunciava-se o tempo em que cada um deveria encontrar seu caminho e sua própria condução em liberdade, a partir de um esforço interno e individual.*

*Era urgente que as almas humanas acordassem e se colocassem amorosamente a serviço, livres de distorções e ilusões capazes de afastá-las do verdadeiro sentido da vida. Aquele momento exigia, não somente dela, mas de muitos outros que percebiam o propósito Divino ressoando em seus corações. Os dragões do egoísmo e do materialismo estavam se levantando dispostos a sugar a essência espiritual da humanidade.*

Ficou evidente que, apesar da aparente decepção após a visita do Dr. Steiner, ela foi influenciada pelo que ele lhe dissera naquele encontro de 1908. As mensagens escritas informaram que apenas Anna retornou do antigo grupo De Fem. O nome da amiga Gusten aparece nas atas e os Mestres do Alto apelavam para que o grupo voltasse a apoiar Hilma. Registros explicavam que "depois de imagens com pouca aparência, ela (Hilma), sem nossa ajuda, investirá todo o seu esforço para reproduzi-los fielmente".

A partir de 1912, quando ela retomou as pinturas, a iconografia cristã passou a ser observada com mais evidência, inclusive na segunda etapa das *Pinturas para O Templo*. Contudo, temas e estilo de pintura mudaram, revelando uma visão cada vez mais madura e genuína. Na época das profundas revisões, o estudo, a meditação e a arte foram vias de cura e fortalecimento para a artista que estava na casa dos 50 anos. São delas as palavras escritas neste momento:

> Meu primeiro passo no caminho da cruz, eu comecei depois de completar minha parte do trabalho. [...] A importância do nosso trabalho conjunto, especialmente concedido a nós de acordo com o método oculto dos representantes da Cruz Branca, é de tão fundamental importância e se pudéssemos perceber e entender o significado completo, pararíamos com total admiração ao que nos foi dado (Lindén, 1998, p. 34 – 5).

Hilma se apropriava cada vez mais de sua via criativa. As imagens chegavam em séries inéditas portadoras de refinados detalhes. Surgiam tons de ouro, prata, cobre e elementos matemáticos em uma simetria que a levará cada vez mais à geometria. A artista escreveu longas palestras, como ela as chamava. Suas palavras em 1912 e 1913 estão cheias de conteúdo e sabedoria. Outras integrantes do grupo que acompanharam o segundo período de pintura também foram chamadas a falar e suas palavras foram cuidadosamente documentadas nos diários.

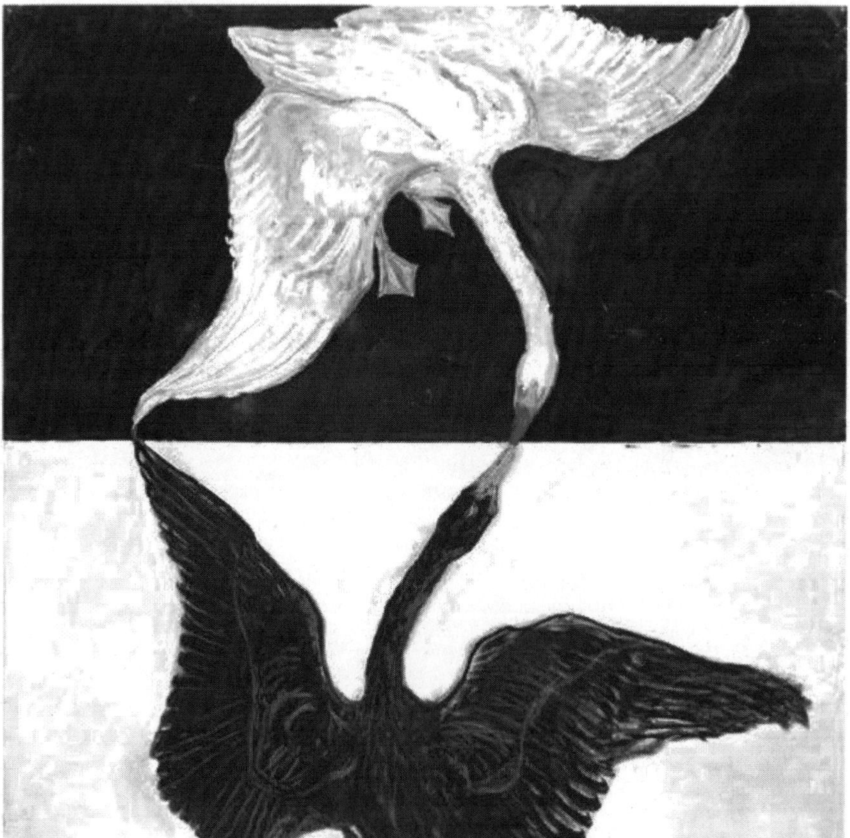

*Grupo 9, Série SUW, O Cisne nº 1, 1915 Óleo sobre tela – 150×150 cm*

*O Cisne*

"O curso dos estudos irá forçar o seu caminho para fora e afiar a visão da criança nas imagens que aparecem mais claras e que aparentemente crescem e se formam na área oculta mais interna" (Diários De Fem). Agora elas entram em uma nova área. A partir do pico do sentimento que é representado por Lúcifer, e depois devem conquistar o pico do pensamento representado por Ariman.

O método que adota, escrevendo suas palestras e estudos, parece ser uma forma de se apropriar do conteúdo e assumir o comando dos seus próprios pensamentos.

Na série intitulada *W* ou Árvore do Conhecimento (1913 e 1915), encontraremos o Graal, a serpente, anjos e outros elementos do Antigo Testamento, da Cabala e da Cosmogênese. Nos delicados fluxos e sequências, surgiram, de forma harmônica e muito bela, temas alquímicos das correntes Rosa-Cruz, Teosofia e Antroposofia – que apareceram paralelamente na mesma época em que ela voltou a pintar.

Hilma escreve no verso da segunda imagem da série *W* ou Árvore do Conhecimento sobre sua tentativa de

> Produzir o momento da queda do Paraíso, quando o desejo conseguiu penetrar naquela parte da alma humana que ainda era, por assim dizer, livre: É, portanto, necessário que aquele que é dominado pelo desejo no plano físico, seja no plano astral livre, livre e mais livre, pois se fosse verdade que aquele que está completamente na escuridão no plano físico não seria capaz de manter a distância de Lúcifer no plano astral, então tudo estaria perdido.

Percebe-se que ela começava a descrever a partir de suas próprias imagens internas e as expressava em palavras registrando seu drama e tensão dentro do processo de criação. Nada mais genuíno para um artista que se reconhece criador e criatura de sua obra, entretanto havia neste processo também o seu lado cientista que queria registrar o fenômeno enquanto pesquisava:

> Em primeiro lugar, devo pensar de forma clara e vigorosa, devo conduzir meus pensamentos no sulco direito, pois, de outra forma tudo ficará confuso, mas como faço para fazer isso, não conheço a mim mesma (Hilma).

Hilma escreveu essas palavras em 1914, quando executou uma das pinturas *SUW*.

Durante a produção da série principal, *SUW O Cisne* de 1914 – 1915, e *UW* ou *A Pomba* de 1915, podemos reconhecer os arquétipos da Cristologia, e o preciosismo nos elementos velados que exigiam um olhar mais aprofundado. Exemplo disto está na imagem da série *UW*, em que a Sagrada Família está pintada de forma velada na cauda da pomba que se atira em sacrifício após ter suas asas arrancadas por mãos invisíveis. Outro exemplo que vale uma contemplação mais apurada na mesma série acima citada é a do guerreiro que luta com um dragão dentro de uma mandala envolvida pela forma de um coração. A cada pintura a luta ganha novas perspectivas, até o desfecho em que o dragão domado repousa aos pés de seu guerreiro.

Um outro triste evento aconteceu no mesmo ano, agregando mais elementos para justificar a pausa nas pinturas e o aparente recolhimento do grupo De Fem. A irmã de Anna e amiga de Hilma, após ter lutado desde seu nascimento com uma doença cardíaca, morreu repentinamente. Charllote Cassel foi aquela que as encaminhou desde o início, apresentando e conduzindo-as aos grupos espiritualistas Edelweiss e Teosófico. Era evidente que nutriam uma profunda admiração e amor por ela. Existe um retrato de Lotten pintado por elas, um ano antes de sua morte. Segundo Marty Bax, tudo indica que a pintura é fruto de uma meditação, cujo registro indicava que sabiam que seu fim estava anunciado.

Algumas anotações nos cadernos do Grupo de Sexta indicam que, embora não houvesse nenhuma produção de pinturas nestes anos, as sessões não deixaram de acontecer totalmente. Aconteceram registros em um dos diários de um desenho de uma árvore com base em visões de 1911, cujo tema ressurgiu em 1913 na série A Árvore do Conhecimento Ao longo dos anos, novamente, não foi possível identificar todas as participantes, exceto Hilma, que estava comprometida o tempo todo. Anna, após a perda de sua irmã, entrou em crises recorrentes de asma e se retirou por longos períodos. Nomes como Inga Gerander, Gusten Andersson, Hestrom Westberg e Och Senare apareceram nos registros. O fato é que após ter sido designada a conduzir a embarcação do De Fem ela ainda podia contar com um

*Group 9, Series UW, A Pomba nº 11, 1915*
*Óleo sobre tela – 155 × 129 cm [detalhe ampliado]*

*A Pomba*

círculo de mulheres que a amparavam e que a consideravam uma líder e professora espiritual.

Cabe lembrar que este período de luto e revisão ocorreu nos anos que precederam a Primeira Guerra Mundial. Embora a Suécia fosse um país relativamente neutro, de uma forma ou de outra a tensão reverberava nas notícias de horror, crise econômica, tensão política e mortes que chegavam estampadas em seus jornais.

Hilma af Klint retomou o trabalho em março de 1912, iniciando um novo período na vida e em sua maneira de trabalhar. Ela voltou a receber mensagens, mas, segundo contou, agora as imagens vinham de seu interior, ninguém segurava mais sua mão e suas próprias interpretações já começavam Série W, Árvore da a aparecer nas pinturas. Passou a pintar as 82 imagens abstratas que completavam O Templo. Eram principalmente de caráter geométrico. Trabalhou com rapidez e certeza, sem mudar uma única pincelada das instruções recebidas. Em 1913 ela escreveu sobre Steiner: "Que ele seja uma lodestar – uma estrela norte ou guia que seguimos, nossos próprios Líderes estão de acordo com ele" (Lindén, 1998, p. 15).

Aos 52 anos, na medida em que avançava em direção a uma nova consciência, gradualmente muda sua abordagem, invertendo sua relação com os Guias e Professores do Alto. Como pintora, seguia com seu trabalho mais independente aprendendo a dominar o processo de criação. As novas pinturas avançavam com os estudos sobre o plano astral. As diferenças de conteúdo e execução em relação às pinturas para Amaliel – entre 1905 e 1908 – foram sofrendo sutis metamorfoses.

Surgiram sequências de desenhos sobre papel em posição vertical, em tamanhos menores – A4. Os desenhos em nanquim ou lápis exigiam pincéis mais finos para o preenchimento das cores, com pigmentos de aquarela. As finas e delicadas pinceladas mostravam a preocupação com os detalhes e o rigor geométrico. O número continuava grande pois sua produtividade era sem precedentes.

Em 1914, encontramos registros de que Hilma lecionou para o grupo de amigas – que na época consistia em nove pessoas – tomando como inspiração o livro de Steiner Filhos de Lúcifer e Irmãos de Cristo. Segundo ela, existia no círculo uma luz semelhante, uma força ocultista, uma esfera de luz que devemos seguir, semelhante à que apareceu em

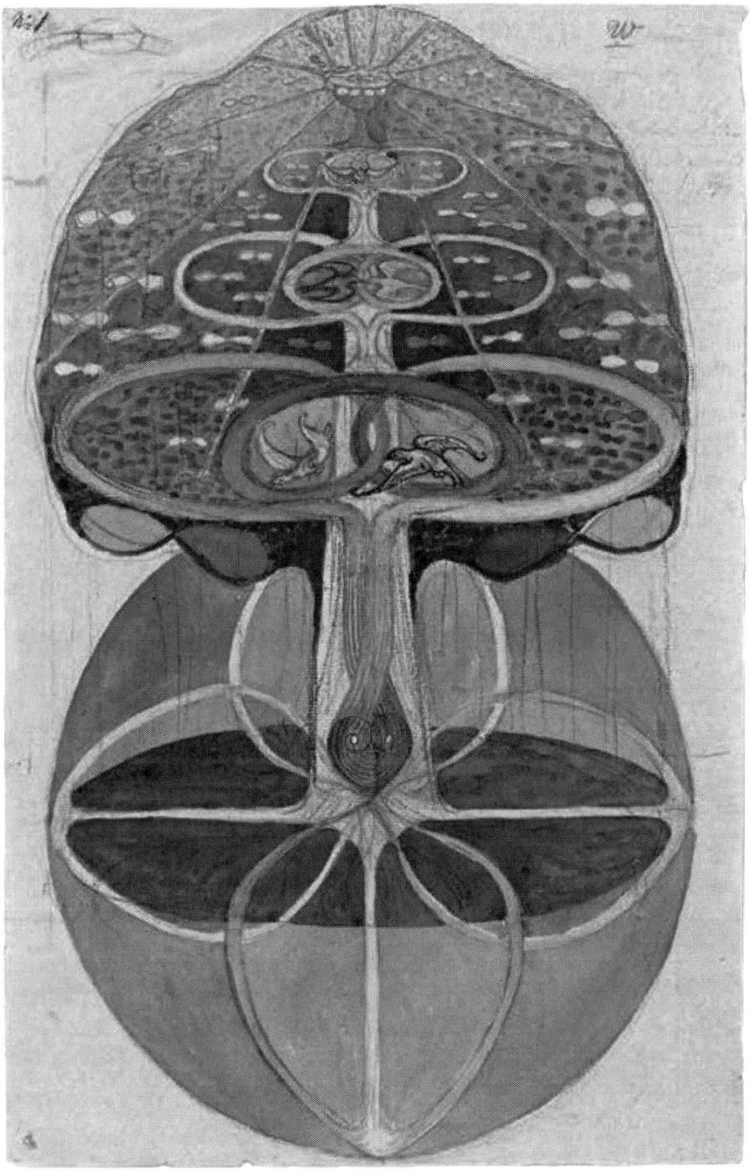

*Série W, Árvore da Sabedoria nº 1, 1913*
*Aquarela, guache, lápis grafite, pigmento ouro e prata – 45,7 × 29,5 cm*

*Árvore da Sabedoria*

outro país. É evidente que ela e seu grupo seguiam interessadas e ocupadas com a nova corrente recém-inaugurada por Rudolf Steiner. No ano de 1914, ela teve um sentimento intenso que algo de grande gravidade iria ocorrer no mundo:

> Isto foi algo que ecoou dentro de mim dias antes da guerra eclodir. [...] Eu obtive uma imagem da nação alemã. Uma figura muito parecida a uma estátua grandiosa começou a declinar e, ao final, caiu de joelhos. Atrás de mim, eu vi uma cavalaria russa ainda em guarda, mas preparada para avançar contra a Alemanha (LINDÉN, 1998).
> *Naqueles dias sentia uma forte opressão que não a deixava respirar. O ar estava denso e seu coração parecia um passarinho aflito, debatendo-se dentro da gaiola de suas frágeis costelas, ao perceber a impotência diante da negra sombra do predador silencioso aproximando-se ardilosamente.*

Curiosamente, nos anos que precederam a Primeira Guerra Mundial, outro grande pensador também passava por uma crise. Carl Gustav Jung passou por um momento de revisão do seu trabalho logo após o rompimento com Freud. Enquanto Hilma, em 1913, começava a compreender sua relação com as imagens que surgiam de seu inconsciente, sem necessariamente nomeá-lo assim, Jung, por sua vez, também começava a dar voz e forma ao seu inconsciente, trabalhando durante a noite na obra *O Livro Vermelho*. Hilma não estava sozinha em sua busca. Enquanto escrevia e pintava surge Filemon, personagem do inconsciente de Jung que exerce a função de uma espécie de guru. Será que sob esta ótica pode-se dizer que assim como Jung tinha Filemon, Hilma tinha Gidro? Anos depois, Jung conversando com um hindu sobre a relação entre guru e discípulo, o hindu (cujo nome Jung não mencionou) lhe disse que seu guru era Shankaracharya, o comentador dos Vedas. Espantado, Jung perguntou se ele estava se referindo a alguém que morrera há séculos. O hindu, sem se abalar, respondeu que sim. Jung perguntou se estava falando de um espírito. Calmamente, o hindu confirmou, e explicou que há também gurus espirituais. A maioria dos seres tem gurus que são homens vivos. Mas há os que têm um espírito por mestre. Jung disse que neste momento recordou-se de Filemon, que lhe havia aparecido 15 anos antes, e que esta informação lhe fora reconfortante (JUNG, 2006, p. 219–20).

Hilma af Klint tinha uma raiz cristã muito profunda, ela naturalmente escolheu seguir os pensamentos de Steiner e sua Antroposofia de fundamento cristão. Ela se desligou da Sociedade Teosófica entre os anos de 1915 e 1916, segundo relatos da historiadora Marty Bax. E, em 1920, tornou-se membro da Sociedade Antroposófica.

Aos 52 anos, Hilma recebe um presente do destino. A enfermeira Thomasine Andersson foi contratada pela família em 1915 para ajudar nos cuidados com a mãe de Hilma. É provável que já tivesse tido contato com Sra. Mathilda af Klint antes desta época, pois ela trabalhava para o Dr. C.G. Boström, um respeitado médico oftalmologista, no Instituto de Oftalmologia na região de Estocolmo, o que leva a crer que a família já a conhecia, tendo em conta as necessidades de tratamento da doença que levou a mãe de Hilma à cegueira.

Com o passar dos anos, Thomasine Andersson e Hilma af Klint tornaram-se boas amigas. A enfermeira tinha interesses afins aos conteúdos estudados pela filha de sua paciente e pareceu ter encontrado nos escritos de Steiner e na Antroposofia uma luz comum e inspiradora. Além disso, falava alemão em um nível muito mais elevado que sua amiga Hilma, o que facilitava muito os estudos, pois boa parte dos conteúdos encontrados estavam ainda na língua original proferida por Steiner em seus escritos e alocuções. A série de *As Pinturas para O Templo* também foi finalizada no mesmo ano da contratação da enfermeira, em 1915, totalizando 193 obras. Na primavera deste mesmo ano, a artista completou as séries *SUW* e *UW*.

Realizada entre outubro e dezembro de 1915, as três últimas pinturas foram, segundo Hilma, um resumo das séries até aquele momento. O triângulo equilátero tinha um lugar central em várias culturas e religiões. No Cristianismo, por exemplo, significa Trindade; na Alquimia, os três cantos indicam sal, enxofre e chumbo. Mas o triângulo de Hilma – ou melhor dizendo, a pirâmide – se estendeu ao sol e foi considerada um símbolo da evolução, desde o corpo físico até um "corpo etérico de luz". Seu oposto, involução, a descida do espírito nos limites da forma, poderia então ser ilustrado com o segundo triângulo. Este movimento duplo é infinito, sem início e sem final, e podia ser apresentado em forma de um círculo. Na metade do círculo do

*Tríptico-do-Altar*

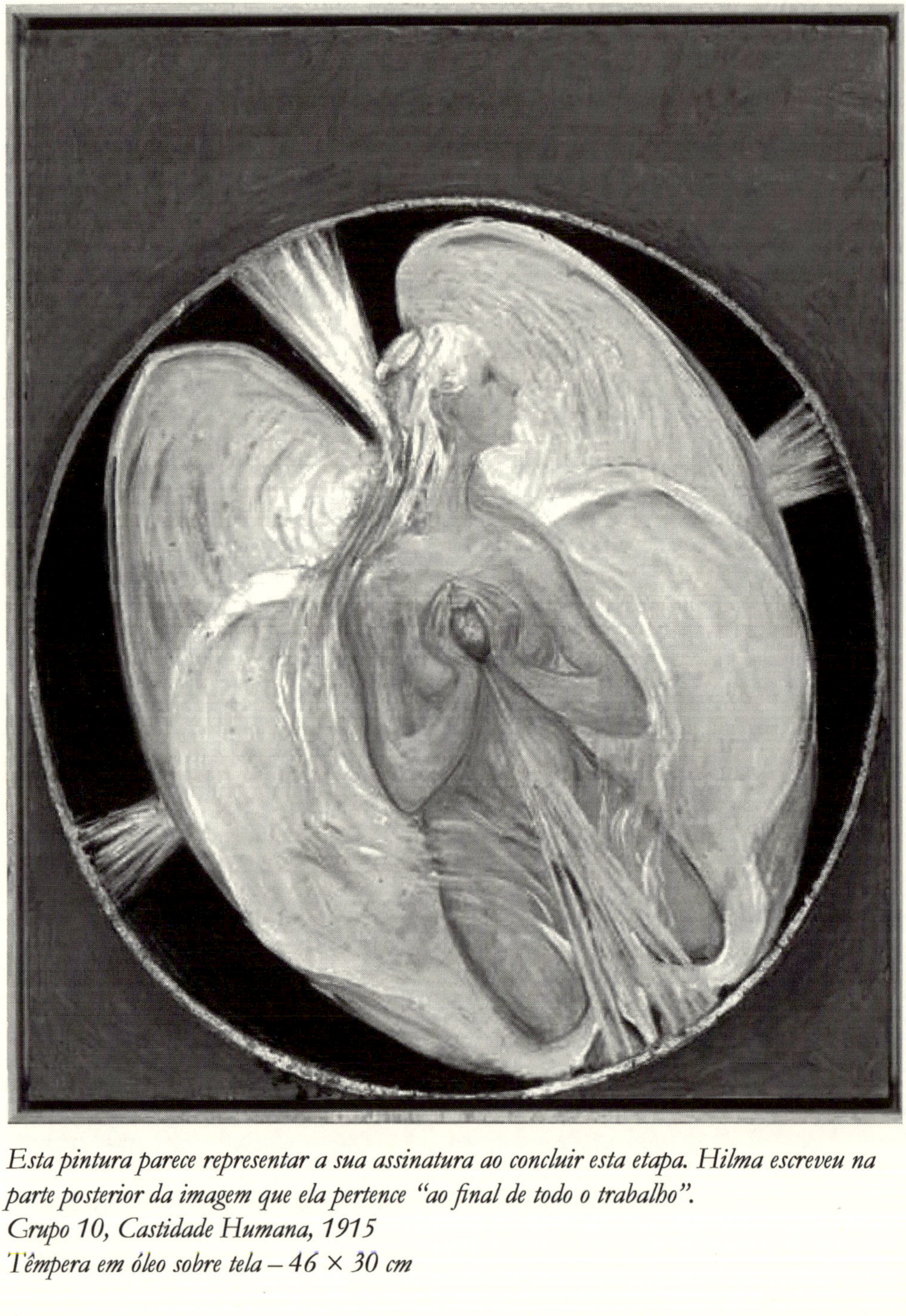

*Esta pintura parece representar a sua assinatura ao concluir esta etapa. Hilma escreveu na parte posterior da imagem que ela pertence "ao final de todo o trabalho".*
*Grupo 10, Castidade Humana, 1915*
*Têmpera em óleo sobre tela – 46 × 30 cm*

terceiro quadro, os dois triângulos estão unidos formando uma estrela de seis pontas (o selo de Salomão ou a estrela de Davi). Os quatro elementos – fogo, água, ar e terra – também foram representados no último quadro do retábulo como um símbolo oculto para o Universo. A Cristologia representada nas séries subsequentes buscava representar o caminho sacrificial do amor. A cruz representava não somente o evento no monte do Gólgota na história de Jesus Cristo, mas, como em tantas outras representações, a cruz era um ponto de intersecção entre o mundo espiritual e material.

A pintura final da série *Castidade Humana*, foi finalizada em dezembro de 1915. Esta última representou um marco pessoal que encerrava um período de quase dez anos dedicados às *Pinturas para O Templo*.

Em 1915, portanto, a obra para O Templo estava concluída e consistiu na seguinte sequência (curiosamente se observou um espelhamento das séries, pelas letras a elas designadas):

> *WU* ou *A Rosa* – 1906–1907;
> *WUS* ou *As Plêiades* – 1908;
> *US* – 1913;
> *W* ou *A Árvore do Conhecimento* – 1913 e 1915;
> *SUW* ou *O Cisne* – 1914–1915;
> *UW* ou *A Pomba* – 1915.

Além das séries acima, temos o *Retábulo do Altar* e, como um resumo, *Castidade Humana* – ambos de 1915.

Com o volume de pinturas aumentando a cada ano, e a finalização da encomenda somando quase duzentas obras, a falta de espaço para acomodá-las foi se tornando gradativamente uma questão. Sem poder contar com o espaçoso estúdio, e sendo o escritório alugado bem menor, logo ficou claro que precisariam encontrar um outro local mais adequado. Além disso, havia a exigência proferida pelos Altos Mestres e embasada pela visão do próprio Steiner, de que não deveriam expor as obras publicamente, o que aumentava o grau de dificuldade da busca pelo local ideal. Para somar mais um ponto nevrálgico, nesta situação havia todos os problemas e desafios que chegavam à Escandinávia em função da guerra.

Felizmente, Hilma af Klint tinha um círculo de mulheres que permanecia unido e deste apoio amadureceu a ideia de construírem um ateliê afastado da capital para que se pudesse acomodar o acervo. Anna, como disse, pertencia a uma família de industriais extremamente ricos. Sua alma altruísta, sempre disposta a apoiar causas e pessoas que amava, não foi indiferente à situação de sua amiga Hilma. A ilha de Munsö era um lugar conhecido e apreciado por Hilma af Klint e suas amigas. Localizada há algumas horas de Estocolmo, o grupo de amigas tinha o hábito de alugar uma casa de campo próxima à Villa Furuheim, onde podiam dividir as despesas, na época por 4.000 SEK (coroas suecas), além de aproveitar a estação mais ensolarada do ano. De natureza exuberante, a casa que alugavam ficava em uma região campestre cercada por bosques e enseadas. A ilha contava também com uma grande diversidade de fauna e flora. A região guardava histórias sagradas, onde ainda eram encontradas pedras cujas inscrições rúnicas revelavam fragmentos de um antigo mito nórdico:

> *Contam que as três deusas Nornas nasceram da fonte de Urð, a fonte da vida, e eram as guardiãs da grande árvore Yggdrasil. Todas as manhãs faziam chover hidromel sobre suas raízes, para que as folhas permanecessem verdes. Urð era a anciã que vivia olhando para trás, por sobre os ombros, sendo a guardiã do passado, tinha as chaves dos segredos antigos. Verðandi era a mãe que olhava sempre para o presente e tudo que acontecia era tecido por seus pensamentos. Ela representava o movimento, a continuidade. Finalmente Skuld, a guardiã do futuro, era representada por uma virgem encarapuçada que possuía um pergaminho fechado sobre seu regaço, onde estão contidos os segredos, profecias e adivinhações. Skuld detém o controle de uma das maiores forças do Universo, o Destino.*

Com a ajuda da amiga Emilia Giertta, que também participou do De Fem durante algum tempo, o grupo arrendou um terreno ao lado da casa de campo. O local pertencia à nobre família de Emilia, mais especificamente ao barão, seu pai, dono de boa parte das terras daquela ilha. Neste terreno, Anna, Hilma e outras amigas começaram a construir o ateliê, onde futuramente Hilma viria a morar. Anna Cassel colocou uma quantidade significativa de capital à disposição e o restante foi coletado por Hilma af Klint e suas amigas. Esse impulso merece um grande reconhecimento e admiração por essas mulheres empreendedoras, que ousadamente decidiram, mais uma vez, assumir uma tarefa inusitada em pleno tempo de recessão e guerra.

Enquanto o ateliê era construído, Hilma seguia estudando a nova Antroposofia de Steiner, escrevendo e pintando a partir das referências que pesquisava. O mundo vivenciava uma intensificação do chamado pensamento racional e a ciência estava em plena ascensão com seus estudos e avanços sobre a fisiologia do cérebro e seus fenômenos. Ambos, porém, não podiam nos dizer quem éramos em nosso interior. Hilma, ao contrário, entrava cada vez mais em seu caminho de desenvolvimento interno, mantendo a incrível força de vontade para seguir em busca da verdade, essa saudade da luz mais íntima que ela ansiava para iluminá-la. Assim, ela expressou seu desejo de entrar em conexão com toda a criação – com o grupo menor, saindo do âmbito cósmico e metafísico para os elementos materiais mais perceptíveis e concretos da natureza. Como ela mesma escreveu: "desejo entrar em conexão com toda a criação – com os menores grupos (...) para que a criança em mim receba tudo desta imensa luta da vida" (KLINT, s/d, p. 1 542 – *A Vida da Alma*, escrito em 1918).

Próxima de seus 54 anos, Hilma começou a exercitar uma nova forma de respiração com o mundo. Sua alma estava em plena metamorfose. Anteriormente ela recebeu as imagens e buscou descrevê-las. Naquele momento ela já entrava em um novo processo criativo. Havia uma visível disponibilidade para inspirar o mundo a partir de um olhar interno. A hélice de sua investigação começou a girar em outro sentido, levando-a para um caminho cada vez mais internalizado. Ela aprendeu a escutar, ver e representar as imagens que lhe foram apresentadas. Seus dons e talentos abriram as portas da percepção do mundo cósmico da criação. Acessou os arquétipos primordiais da dualidade do feminino e do masculino. A integração da alma era o princípio fundamental para que a evolução humana atingisse os ideais espirituais e divinos de toda criação. Convidada a inverter seu olhar verticalizado, ela passou a pesquisar os eixos horizontais na matéria, em conexão com a auto-observação de seu mundo interno.

Escreveu a partir dessa época o seu livro, embora nunca o tenha publicado: "Em linguagem escrita curta e rápida, quero uma vez tentar escrever meu Quinto Evangelho. Esse Evangelho será iniciado com a palavra anjo e terminará com as palavras homem e mulher" (Klint, s/d, p. 1542). O manuscrito recebeu o título *A vida da Alma* e continha mais de mil páginas. Há trechos muito inspiradores:

> O significado de toda obra é tentar, como se diz em uma apresentação científica, mostrar o resultado da pesquisa comum de ambos os indivíduos. Essa pesquisa pretende eliminar de um átomo tudo o que foi trazido pelo cheiro da rosa que não possui o direito de parar dentro de um círculo, que só contém a possibilidade de manter alguns pensamentos, alguns sentimentos de ternura. (Klint apud Fant, 1990, p.66)

Em 1916, Hilma pintou a série *Parsifal*, que incluiu 144 aquarelas divididas em três campos horizontais, tendo como tema o desenvolvimento masculino e feminino, que ela descreveu como a jornada de uma menina e de um menino para o amadurecimento. Os desenhos mostravam três níveis de experiência: subterrâneo, sobrenatural e físico. Na sequência, surgiu um conjunto de aquarelas *Convolução do éter*, *A convolução das forças astrais*, *A convolução do plano da mente* e *A convolução do plano físico*. Segundo Åke Fant (1998, p. 66): "Este é um ato de meditação com tom religioso (havia, entre outras coisas, cruz e texto nas capas das diferentes convoluções)".

Em 1917 pintou, entre outras, a série do Átomo, explorando as dinâmicas do micro e do macrocosmos em composições geometricamente abstratas. Em suas próprias palavras, ela anunciou sua nova pesquisa:

> Primeiro, tentarei compreender as flores da terra, [e] tomarei como ponto de partida as plantas do mundo; então, estudarei, com igual zelo, aquilo que é preservado nas águas do mundo. Em seguida, será o éter azul com todas as suas várias espécies de animais [...] e, finalmente, penetrarei na floresta, estudarei os musgos úmidos, todas as árvores da floresta e todos os animais que habitam em meio às frescas massas escuras das árvores [...]. Tudo está contido no interior do cubo preto: a vegetação da Terra é o fundo do cubo, o ar azul é seu teto, e a parte cheia de água situa-se naquela área do cubo em que eu descanso minhas costas (Klint apud Artforum, 2013, p. 186).

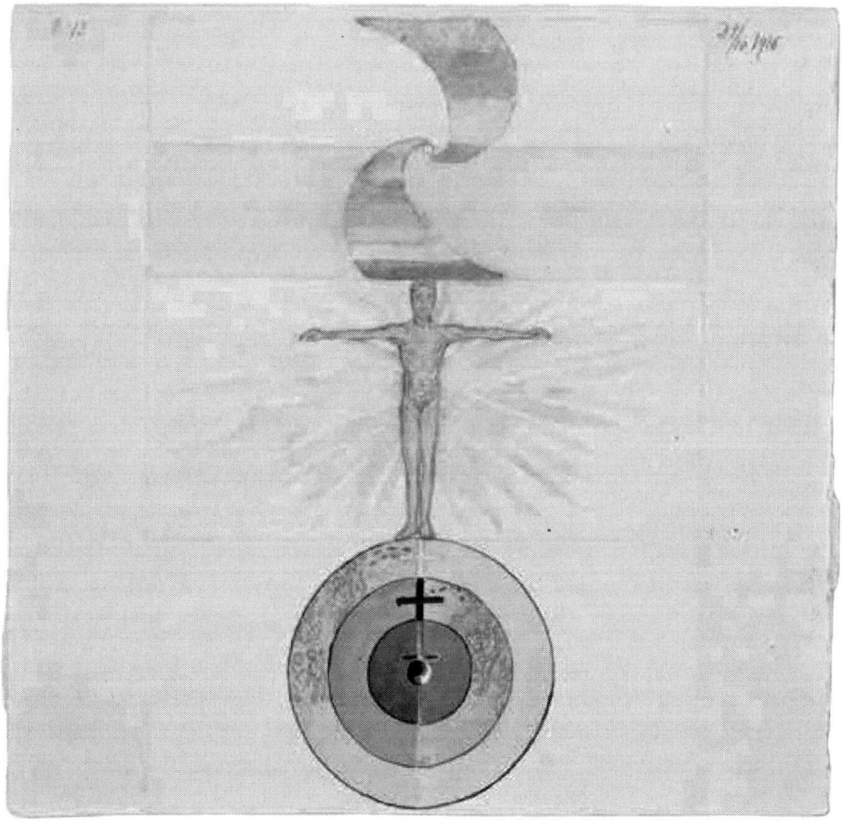

*Grupo 1, Série Parsival, "Epílogo", nº 13, 1916*
*Aquarela – 25 × 26 cm*

Finalmente, em 1917, foi inaugurado o ateliê de Munsö, o que determinou uma pequena pausa na fértil criação de Hilma, provavelmente porque teve de dedicar-se ao transporte e à instalação das obras no novo espaço.

O ateliê, construído em painéis duplos de madeira, tinha dois andares. O primeiro andar era grande com um amplo espaço aberto, sustentado por um pé direito com cerca de três metros e meio. No meio da sala ficava a chaminé e dois fogões. As janelas tinham uma forma curva cuja entrada consistia numa porta dupla no estilo arco ogival, como se fosse um portal. Essa característica, de acordo com aqueles que visitaram o local, deu ao todo um caráter sagrado. Uma escada em espiral em um dos cantos levava até o andar superior constituído por dois quartos, sala e cozinha. No interior dos quartos havia alcovas fixadas na parede e os móveis tinham estilo espartano. No andar de cima, ficavam penduradas pequenas pinturas nas paredes. Algumas delas foram pintadas no período em que Anna e Hilma frequentavam a Academia Real de Artes de Estocolmo. Também estavam expostas as pinturas da série feminina e da série masculina, pintadas entre 1912 e 1915, respectivamente.

Em torno da grande sala do ateliê, pendiam-se das paredes as imagens preliminares da série *WU* ou *A Rosa* e da série *WUS* ou *As Plêiades*. A série *SUW* ou *O Cisne* e a *UW* ou *A Pomba* estavam fixadas em estantes ou cavaletes, numa outra ala fora do espaço central. O grupo *IV* de *As Dez Maiores* estava disposto em rolos verticais ao redor dos pilares de apoio. As pinturas de três metros e meio, em papel, foram coladas em um resistente tecido para que pudessem ficar dependuradas. O piso superior também podia ser acessado por uma escada exterior que levava diretamente para as acomodações do segundo andar do mezanino, onde Hilma veio a morar. O exterior do ateliê era pintado de um vermelho ferroso (cor típica das casas na Suécia) e tinha nos cantos, pilares pintados em preto com detalhes brancos.

Um tempo depois da conclusão do ateliê, Hilma mudou-se para a Ilha de Munsö, em Furuheim, acompanhada de Thomasine Andersson, na condição de inquilinas de Anna Cassel que, segundo documentos listados entre seus pertences, era quem pagava os

*Fotografia de Mathilda af Klint e Thomasine Anderson, provavelmente em 1918, na casa de campo na Ilha de Munsö*

impostos da propriedade. A mãe de Hilma apresentava sinais cada vez mais evidentes de declínio e o momento não era propício economicamente. Mesmo que distantes dos sangrentos confrontos, sofriam as consequências da guerra que assolava a Europa, com seu armamento bélico que ceifava centenas de pessoas. Parecia que a vida comunitária havia estreitado os laços entre as mulheres e as famílias af Klint e Cassel, criando uma atmosfera de irmandade e intimidade entre elas. A mãe de Hilma, por exemplo, era chamada de "Querida Tant" pela irmã de Anna.

> *O frescor da primavera embalava a vida na ilha. A casa recendia a aromas de flores e pão caseiro. Os vegetais da horta brotavam suculentos, e à noite, após o jantar, as mulheres se reuniam ao pé do fogo para ler, rezar e contar histórias. Qual* Nornas *cardando, fiando e cortando o destino, atravessavam os dias mantendo-se sempre ocupadas nas tramas dos trabalhos manuais, das tarefas domésticas e das exigências espirituais. Seriam bruxas? – praguejavam os vizinhos desconfiados.* Mas *as guerreiras curadoras estavam muito ocupadas para se justificar.* Elas *eram uma tribo que se bastava – as quietas.*

Naquele período, a mudança que a levou a estar próxima da natureza selvagem foi um refúgio vital para Hilma. Com sua extrema sensibilidade, devia ser bem difícil viver na capital, ainda que a Suécia não tivesse se envolvido diretamente nas batalhas. Tudo indicava que tanto as pinturas como as mulheres estavam resguardadas com a ida para a região afastada do centro urbano em tempos de perseguições e fome. Seus estudos passaram a ter o objetivo de demonstrar que o que até então havia sido a semente mental do mundo estava desgastado, fraco e sem conteúdo. A tarefa consistia em coletar uma nova semente, mais vitalizada e espiritualizada, a fim de mostrar que a colaboração com as Forças Divinas era possível, para que a Terra pudesse regenerar as forças vitais em cura e comunhão com todos os seres não redimidos e presos dentro da escura matéria.

Hilma contou que seus Mestres ainda estavam presentes, porém numa distância respeitosa, como se um dedo invisível lhe mostrasse onde procurar. Ela agora tinha que confiar no poder de seus próprios pensamentos, pois, segundo ela, estava vivenciando a experiência no reino de Ariman, através do qual deveria vagar para alcançar o segundo pico de evolução de sua consciência. Ariman era o nome dado pela Antroposofia a uma força adversa capaz de enrijecer o pensamento humano, intensificando sua tendência ao materialismo e cujas consequências trariam um egoísmo extremo e o afastariam de sua essência divina, tornando-o incapaz de vivenciar o amor ou experienciar o altruísmo.

Quando decidiu conscientemente que precisava alcançar o equilíbrio, saindo do âmbito do mundo cósmico espiritual para adentrar mais profundamente no natural material, na busca por encontrar seu centro, a ponte entre as dualidades, ela questionou-se sobre a diferença entre receber um manuscrito ditado, com mãos fracas e copiá-lo, ou reunir o que é necessário em si mesma.

> Toda a diferença consiste, em primeira instância, em com-prometer-se à graça e ao desagrado, e a poderes parcialmente desconhecidos e estranhos, para alcançar, com sua ajuda, o autoconhecimento e, neste último caso, ao ter alcançado tal grau de autoconhecimento, este será o ponto de partida para estudar sozinha. Neste momento, tenho conhecimento da realidade viva, de que sou um átomo no Universo que tem acesso a infinitas possibilidades de desenvolvimento. Essas possibilidades de desenvolvimento que quero, gradualmente, revelar (Lindén, 1998).

Portanto, voltou sua pesquisa para tudo aquilo que está por trás de tudo que foi criado, em primeiro lugar, para reconhecer com atenção o que se encontra na Mãe Terra, na medida do possível. Ela queria estudar os vários componentes dos quatro reinos da natureza: rochas, plantas, animais e o reino humano. Segundo suas próprias palavras e imagens, ela estava entrando no cubo e nas divisões dentro do quádruplo. Pois não se tratava de retratar a realidade física, mas sempre os poderes subjacentes do sistema e das formas – isso continuou até 1920 em longas séries. Nesta época ela escreveu trechos muito inspiradores, que elucidaram seu novo método de pesquisa:

> O que me é mostrado surge dentro de mim e, para deixar isso claro, são meus próprios pensamentos que geram o que descrevi.

> Por isso, tentei mostrar que o que eu vou investigar passa pelo ponto central do meu ser, que é o coração.
> Com o coração, recebo aquilo que se insinua para mim e depois o produzo como imagens mentais. Meus estudos são conduzidos independentemente dessas imagens mentais, mas, para realizar [as imagens], tenho que convertê-las por meio dos meus pensamentos. Deste modo, mostrei a conexão entre a Terra e o Céu (Klint apud Fant, 1990).

Hilma manteve o criterioso trabalho de registrar sua pesquisa e o fez mantendo o hábito de descrevê-las em palestras escritas. Este era um modo de permanecer ancorada e objetiva, para poder dar aos outros o que experimentou no que ela chamava de *Templo Branco* – período de construção das 193 pinturas, da forma mais didática e compreensível que conseguia. Ao descrever suas percepções e inspirações, ela mantinha um diálogo interno, dando a entender que estava inaugurando uma nova forma de se expressar e criando sua própria narrativa. Podemos então dizer que houve uma metamorfose da escrita automática para a escrita criativa. A mensagem abaixo demonstra isso:

> Tentarei me esforçar para produzir uma coleção de esboços de vários elementos naturais. Tudo é útil, mas, para que não demore mais do que o necessário, é melhor empregar um método muito simples. É natural que você procure estar sozinha, para o que lhe será dado para realizar, que deve ser inspirado. De preferência, execute os detalhes, permaneça amorosamente sobre as maravilhas da Natureza, vire o ouvido para dentro e tente escutar todos os pequenos pedaços de musgo que vestem uma rocha, cada pequeno arbusto que cresce para fora da terra, você precisa de tudo para estar preparada. Então, outras oportunidades virão, quando você receber novos pedidos. Tente estar sozinha, o tempo está acelerando, não divida seu tempo, mas comece e tente extrair de elementos diferentes o seu conteúdo (Klint apud Fant, 1990)

A disciplina e o árduo trabalho de transformação sempre fizeram parte de sua estrutura. Entretanto, para que sua alma pudesse florescer em novos potenciais, Hilma ainda se debatia em conflitos. O desenvolvimento de sua alma intuitiva envolveu processos de superação dos impulsos naturais de acesso aos antigos métodos aos quais estava acostumada. Dessa luta, surgiram novas forças e intuições relativas aos grandes interesses da humanidade, ancoradas no valor essencial do ser humano para com o cosmos.

Outros estudiosos também se debruçaram nesta época sobre temas do micro e do macrocosmo, prova disso é a correspondência trocada entre C.G. Jung e o químico Linus Pauling, sobre sua extensa pesquisa sobre a Alquimia. Hilma, em ressonância com o espírito da época, embora isolada numa remota ilha, pintou o arquétipo da metafísica que se revelou para ela dentro dos elementos da natureza. Ela via a aura de plantas, suas cores, seus poderes. Estudava cada flor e cada animal, de calêndulas a porcos, sem depreciar ou ignorar nada, usando suas próprias palavras. Entretanto, o processo artístico que desenvolveu nesta observação não se resumiu simplesmente em representar esses seres, como fez um dia quando pintou a flora e a fauna para o Instituto Botânico e Veterinário, em sua juventude. Do átomo aos éteres, ela passou a acessar símbolos geométricos precisos e em cada forma, cada cor, buscou descrever seu significado.

A partir desta fase, contam que a artista – e por que não nomeá-la também cientista? – entrou em uma fase mais criteriosa quanto ao contato com outras pessoas. Ninguém podia entrar no ateliê sem sua permissão. Hilma percebeu que seria impossível realizar sua tarefa sem autonomia. Ela disse ao grupo de amigas que precisava prosseguir na nova pesquisa mais livremente. Anna ainda foi a mais próxima e não sabemos como reagiu a este pedido. Ou ela prosseguiria sozinha e sem o apoio do grupo ou então as outras integrantes deveriam entender e aceitar sua nova forma de trabalhar. O processo de autoinvestigação exigiria uma maior individuação, entretanto, ela prepararia o caminho não somente para si, mas para todas, que receberiam os frutos desse trabalho. Seu olhar se voltaria a partir de então para o microcosmo. O mundo físico em suas diversidades era todo seu para ser apreciado com a mesma devoção de quando seus olhos suprassensíveis olhavam para o Universo Cósmico nas esferas celestes.

As palavras de Schiller ressoam para esta imagem de Hilma aos 56 anos, cuja alma nobre entrava em fase de autonomia:

> Onde quer que o encontremos, este tratamento espiritual e esteticamente livre da realidade comum é o sinal de uma alma nobre. Deve ser dita nobre a alma que tenha o dom de tornar infinitos, pelo modelo de tratamento, mesmo o objeto mais mesquinho e a mais limitada empresa. É nobre toda forma que imprime o selo da autonomia que, por natureza, apenas serve (é mero meio). Um espírito nobre não se basta com ser livre; precisa pôr em liberdade todo o mais à sua volta, mesmo o inerte (Schiller, 1995, p.120).
>
> *Em serena solitude, como uma druidesa, ela percorreu os campos e bosques da ilha buscando escutar seus segredos. Caminhou pelas praias coletando pequenas pedras bordadas de líquens, explorou os bosques recolhendo cascas de árvores aveludadas de musgos. E encontrou cogumelos e flores escondidos nos lugares mais silenciosos da ilha. Aquela menina que lia Linnaeus e Darwin fora agora metamorfoseada na dama dos musgos.*

Dentro da força espiritual do musgo, mostra-se tanto uma espécie de delicadeza, quanto um empenho resistente de permanecer na matéria. Ela escreveu em seu tratado sobre musgos, líquens e flores. Lembrando um manuscrito alquímico, o tratado foi executado ao longo dos anos de 1918 e 1919, quando morou na ilha e percorreu cada canto em sua nova proposta de investigação da natureza. Sua pesquisa incluiu práticas meditativas e contemplativas, nas quais registrou e escreveu em detalhes tudo o que observava. Surgiram símbolos geométricos e vetores indicando o sentido das forças de atuação de cada planta. Em uma equação complexa, reuniu, junto a essas representações, textos profundos sobre o juízo e a moralidade do ser humano como um caminho de consciência e evolução. Diferente das fases anteriores, quando ela nunca assinou seu nome, a partir dessa fase encontramos trabalhos em que ela já se apropriava de sua criação e pesquisa.

A mulher madura em Hilma resgatou sua parte alquímica, e agora, com mais maturidade e conhecimento, adentrou nos reinos da Natureza. Por meio desse tratado de observação dos musgos e líquens, ela alcançaria um conhecimento real "da existência da Terra em relação àquela parte presente no centro do Universo". Ou seja, o relacionamento da humanidade com seus diferentes corpos envolvidos nas forças inerentes de cada elemento. Havia explorado e entrado nas imagens do macrocosmo, desde a criação do mundo ao ser humano, trabalhando com duas ideias centrais: a Lei da Evolução e a verdade dual.

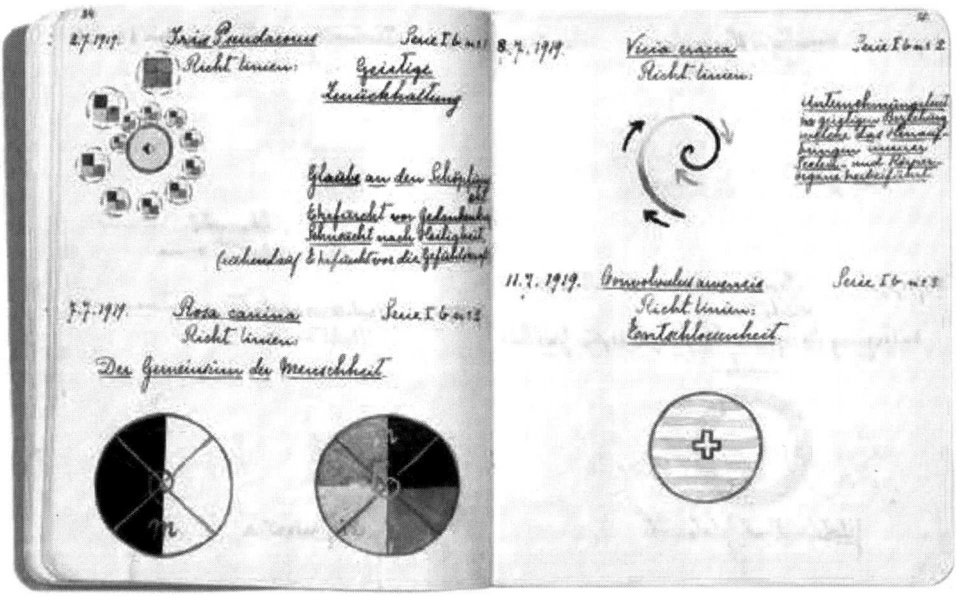

*Páginas do Caderno do Tratado sobre Musgos, Líquens, Fungos e Flores, 02.07.1919 – 11.07.1919 – Nanquim e aquarela*

Thomasine Andersson, que nesta época havia se tornado uma amiga muito próxima, traduziu alguns de seus textos para o alemão.

> Quem não quiser seguir pelo caminho trilhado, deve abrir seu coração para deixar que as forças utilizadas sejam liberadas. Então novas forças afluirão e o homem poderá subir na escalada íngreme que vai da Terra ao Céu. Esta escalada pode ser feita somente por quem possui a solidez da fé. Até agora a humanidade experimentou escalar a montanha com hesitação; frequentemente um peregrino tropeçou e machucou seus pés, por isso foi forçado a interromper a jornada. Para tal pessoa, há ainda uma saída - embora pense ser incapaz, quando se quer ir fundo e para dentro, abre-se um novo caminho que conduz até o objetivo. Ou seja, um escolhido é impedido muitas vezes por resistências externas a ir pelo caminho trilhado. (Klint apud Fant, 1990).

Em 1919, Hilma finalizou seu tratado sobre musgos e líquens – fez uma cópia do tratado em alemão e posteriormente doou ao arquivo científico do Goetheanum, no ano de 1937. Em 1918, a cópia do tratado dos musgos assim como uma cópia da série da *Árvore do Conhecimento*, foi encontrada através da busca do Dr. Walter Kugler em Dornach, na Suíça, e hoje está em Munique na Kunstraum Bogenhausen aos cuidados da artista Angelika Bartholl.

> Somente para aquele que está preparado para abandonar a vida em sua forma conhecida, a vida lhe aparecerá em novas formas de beleza e perfeição ainda maiores. Mas, para alcançar essa posição, o silêncio deve ser alcançado tanto no pensamento quanto no sentimento. Isso significa perder parte da vida, pois a vida é, em primeiro lugar, permeada por pensamentos e sentimentos humanos de forma universal e comum. Quem esmaga a forma, e rejeita sua condição presente para se lançar sobre perigos desconhecidos na escuridão do Universo, estica as mãos e grita por ajuda para atravessar o portão fechado. Este receberá assistência dos poderes da luz, e se tornará pioneiro para as gerações futuras. (KLINT, s/d, p. 1.450 – *A Vida da Alma*, escrito em 1919).

*Silêncio – Gravidade – Calma interior Sabedoria vive na Luz*

*Quando as transparentes antenas se dobravam e tocavam o centro de seu coração, ela sentiu o pulsar sonoro que percorria os filamentos de seu corpo numa corrente etérica. Seus olhos internos se abriram, como quem acaba de nascer. Formas cúbicas e fractais espocaram. Cardumes, enxames, brotos tenros recém-nascidos no ventre da terra meneavam espiralando. Podia sentir a vida de Cristo ressoando em cada elemento da Terra. E sorvia aquele néctar como quem descobre um veio d'água, brotando fresco de uma nascente. E sem pudor ou medo colocava a boca no jorro daquele seio.*

O sobrinho de Hilma, alguns anos após sua morte, escutou por acaso um relato de uma das antigas moradoras da ilha de Munsö, que testemunhou um caso inusitado. A senhora contou a Erik af Klint que, em meados de 1918, quando era jovem, morava com seus pais na vila vizinha da casa onde Hilma e suas amigas viviam. Ela contou que seu pai foi infectado pela gripe espanhola e estava desenganado. Ela foi até a casa vizinha pedir por socorro, pois seu pai estava morrendo. Hilma aceitou acompanhá-la e quando se aproximou da cama do moribundo, fechou os olhos e colocou as mãos sobre o doente. No dia seguinte, a senhora contou emocionada que seu pai estava curado e tinha voltado a trabalhar.

*A neve caiu lentamente durante toda a madrugada; seu manto branco como o pincel na tela. A paisagem tinha sombras azuladas em contraste com a silhueta negra das árvores. Lá fora, a temperatura era glacial. Ela passou a noite em vigília, atenta em abastecer o braseiro, a fim de manter o quarto aquecido para sua mãe que se despedia da vida. No final da madrugada, recostou-se e adormeceu, despertando num susto com o estalar da lenha na brasa. Apesar da escuridão, percebeu que os olhos secos de sua mãe brilhavam. Enfim ela enxergava a senda de luz que se abria em sua direção:*

*– Adeus querida mãe, vá em paz.*

*Mathilda partiu com seu par de olhos novos, deixando um par de asas para Hilma.*

Após a morte de sua mãe com 89 anos, em 5 de janeiro de 1920, surgiram novas possibilidades para Hilma e Thomasine. Elas decidiram sair da ilha de Munsö para viver em Helsingborg, condado de Skåne, cuja geografia envolvia platôs verdejantes sobre os desfiladeiros formados durante a última era glacial e belas praias. Os motivos que as levaram até lá pareciam ter relação com Erik af Klint, sobrinho de Hilma. Erik era o mais velho dos três filhos de Gustav af Klint, irmão mais velho de Hilma. Como oficial naval, ele frequentemente aportava seu navio naquela cidade, que possuía um dos principais portos do país. Segundo o próprio Erik em seus relatos, nesta época ele se reaproximou de sua tia e passou a visitá-la com frequência. Essa reaproximação pareceu ter sido reconfortante para ambos. Erik demonstrou um afeto especial por ela. Aos olhos dos parentes, talvez até de seu pai Gustav, a tia parecia ter desperdiçado os anos de estudo por não ter seguido sua talentosa carreira como pintora retratista. Ela não havia se casado e dedicava décadas de sua vida trabalhando numa obra misteriosa. No entanto, ele guardava doces memórias de sua tia em sua infância. Desde cedo em seu íntimo ele via como um dom especial aquilo que outros julgavam com estranhamento, por sua forma diferente de ser.

Quando ela o observava com aqueles olhos azuis profundos, tinha certeza de que via algo além do que aparentemente ele estava mostrando. Isso gerava na alma do menino um misto de medo e conforto. Hilma levou seu sobrinho ao ateliê de Munsö, com o intuito de lhe apresentar o acervo das pinturas.

*O ateliê por fora parecia um celeiro, não fosse pelo fato das incomuns portas ovais. Quando entrou, Erik precisou de um certo tempo para se localizar dentro do espaço. Sua tia já havia aberto as janelas e acendido o fogo de um dos fogões que se localizava bem ao centro do grande vão. O ambiente estava enfumaçado, é provável que a lenha estivesse úmida. Em função disso a atmosfera tinha um ar sagrado com o fogo ao centro e a nebulosidade que remetia a algum templo antigo. Hilma, silenciosa, esperou que seu sobrinho se pronunciasse antes de começar a falar.*
*– Você pintou tudo isso sozinha? – disse ele quando conseguiu. Ao que ela respondeu:*
*– Não, pois jamais estive só.*

Sobre este encontro, Erik af Klint deixou o seguinte depoimento:

> Durante minha infância, eu e Hilma éramos grandes amigos. Eu a visitava frequentemente na casa da minha avó que era cega, e sabia que fazia pinturas que ninguém podia ver. Depois os nossos caminhos se separaram. No final do outono de 1928, meu navio veio até Helsingborg e então eu a visitei, e pela primeira vez ela me apresentou o seu trabalho e me mostrou uma parte das aquarelas. Depois disso, demoraria mais dez anos para ela me confidenciar mais. Então ela me chamou e, no dia 20 de agosto de 1938, me mostrou todos os seus quadros no ateliê em Munsö. Depois disso frequentemente nos encontrávamos. Sentamos muitas noites juntos e ela me contava sobre sua obra e seus planos para o futuro (KLINT, ERICK af apud FANT, 1989, p. 9).

O ano de 1920 foi produtivo, apesar da perda de sua mãe ela pintou a série em preto e branco sobre o ponto de vista das principais religiões do mundo. Nesta série, ela demonstrou inicialmente um desprendimento em relação à estética rigorosa. Deixou o fundo cru sem pintura e se concentrou apenas na forma central. A sequência partiu de uma imagem inicial que consistiu numa forma circular dividida ao meio cujas partes foram pintadas uma de branco e outra de preto. A partir dessa primeira imagem, houve modulações das polaridades, a cada ponto de vista a dualidade foi sendo expressa na visão das principais correntes religiosas da humanidade.

Também em maio deste ano, Rudolf Steiner, em uma conferência sobre a filosofia de Tomás de Aquino, falou sobre a Doutrina

Maniqueísta (Steiner, 1920), segundo a qual o mal e o bem são forças opostas de igual valor e poder e pertenceriam à mesma fonte original criadora. Essas polaridades podem também ser descritas em sua origem como um princípio único que, ao se intensificar, gerou a matéria como a parte mais densa e o espírito como a parte mais sutilizada. Curiosamente, o lema maniqueu era "Ame bem o mal", indicando que não havia ainda a visão dualista tão determinante como, quando consideramos hoje, as diferenciações polares entre matéria e espírito, treva e luz e tantas outras. Ao contemplar a série das religiões pintada por Hilma, me parece provável que ela possa ter estudado ou se inspirado neste sentido maniqueu e também no símbolo do Tao, do Yin e Yang.

A produção nessa fase mantém os formatos menores (30 cm × 50 cm) em papel, permanecendo a característica do forte apelo geométrico. Cada sequência trazia sua melodia minimalista, cheia de formas e simetria e sem tema específico – como nas séries V, VI, VII. Seus diários ficaram então recheados de desenhos geométricos, em nanquim e grafite, nos quais ela visivelmente usou régua e compasso. Ela manteve o caprichoso tratamento com pigmentos em ouro e prata.

A geometria era uma forma de manter-se aterrada, o mundo espiritual era também o mundo matemático em que as hierarquias revelavam-se em plenitude. Os antigos já sabiam o que ela a cada dia resgatava, o cosmos cintilava em sólidos perfeitos.

Entre mundos, havia ela, buscando a verdade além do visível. Queria o que ainda não havia conquistado, queria aproximar-se da fonte inspiradora que jorrava conhecimento. Queria mergulhar na essência das cores e aperfeiçoar-se com determinação constante. Era preciso ir além do que já havia conquistado, era preciso seguir ousando. Perto dos 60 anos de idade, seguiu coerente em suas palavras: "A vida é uma farsa se uma pessoa não serve à verdade".

*Terminou sua meditação e abriu os olhos quando o sol baixou no oeste e o céu era de ouro. Colocou as mãos no coração como se pudesse segurá-lo. Era chegado o momento de se aventurar novamente, era tempo de se reinventar. Desta vez era ela quem iria ao encontro da nova escola espiritual e, cheia de esperança e coragem, sentia o chamado. Assim como Parsifal, desejou a chance de fazer novas perguntas.*

# Alma das cores

*Para o artista, todo o lado externo de sua obra tem de expressar o interior; no caso dos objetos da natureza o interior não coincide com a forma externa, e o gênio humano tem de investigá-lo para chegar à cognição. E assim as leis que o artista segue não são outras senão as leis eternas da natureza, no entanto puras e não influenciadas por qualquer obstrução. Para as criações da arte não importa o que é, e sim o que poderia ser, não o real, e sim o possível*

Rudolf Steiner

*Quando chegou na estação na vila de Dornach e começou a subir em direção ao Goetheanum, seu coração disparou. Não somente pelo esforço da caminhada íngreme que exigia fôlego, mas principalmente porque estava se aproximando de algo que sabia que era precioso demais e, que enfim, poderia presenciar de perto e ver com seus próprios olhos. Naquele momento ela não era uma senhora de 58 anos quase completos. Era uma menina recém-chegada das terras geladas, ansiosa para alcançar o topo da montanha.*

À medida que subiam, Hilma e Thomasine olhavam-se em silêncio. Iam devagar carregando a mala e parando às vezes para descansar. Sentiam-se cansadas mas felizes, pois um novo tempo se inaugurava. Tinham acompanhado os anos de escuridão que a querida Mathilda havia atravessado.

ESTOCOLMO
SUÉCIA
LUND
HELSINGBORG
SUIÇA
DONARCH

*Agora era o tempo de abrirem os olhos espirituais e aprender a ver de outra forma o mundo. Na mala de couro, os cadernos do De Fem, os esboços e um manuscrito precioso apertavam-se entre as perguntas e os anseios. Quando chegaram a um patamar aos pés da obra do Goetheanum, Hilma não se conteve e chorou em azul. Ett slott! Ett tempel? En skulptur? En relikvie...!?... Um castelo, um templo, uma escultura, um relicário... Buscou palavras para descrever o que via, não encontrou.*

*Estava diante de uma obra de arte, sagrada e única. Como descrevê-la? Elas haviam acompanhado à distância as notícias de sua construção, mas nada descreveria o que estava diante delas.*

*Era outubro e a paisagem trazia a paleta das cores do outono, as folhas desprendiam-se dos galhos formando um tapete pontilhado de ouro, cobre e açafrão. Em breve seria seu aniversário, ela escolhera estar ali e presenciar os últimos acabamentos do edifício que Rudolf Steiner projetara para acolher a escola da Ciência Espiritual na Terra.*

*Elas sabiam que, desde 1913, operários, arquitetos, artistas, carpinteiros, engenheiros, entre muitos outros, de dezesseis nacionalidades diferentes, somavam em torno de setecentas pessoas trabalhando. Sem distinção, homens e mulheres juntos, organizados em turnos diurnos e noturnos trabalhavam em paz e sem descanso, em meio à grande Guerra Mundial.*

*Naquela montanha, onde o exótico prédio de madeira e ardósia era esculpido, estavam guardados nas pedras de calcário ecos de antigas batalhas, lendas de cavaleiros do Rei Arthur, ruínas de eremitérios, templos e castelos.*

*Ela se lembrou do castelo onde nascera, Karlsberg – monte de calcário. E lá estava ela, tantos anos depois em outra montanha com a mesma propriedade mineral, diante de uma construção humana que ergueu paredes para acolher a Arte, a Ciência e a sabedoria – Sophia. Será que haveria lugar para sua obra em algum canto daquele lugar?*

Hilma e Thomasine moravam há poucos meses em Helsingborg, quando decidiram visitar o Goetheanum pela primeira vez, em outubro de 1920. O monumental edifício erguido na Suíça alemã, na região da Basileia, foi projetado por Rudolf Steiner e sua construção teve início em 1913. Tinha como missão acolher a sede do Movimento Antroposófico para seus eventos anuais e apresentações artísticas. Steiner reuniu vários artistas na elaboração do edifício, resultando na incomum estrutura de madeira dupla, com janelas de vidro colorido que projetavam cores ao interior do salão do auditório. Artistas pintaram afrescos no teto e escultores talharam enormes bases de colunas e capitéis com imagens de metamorfoses. Seu nome foi uma homenagem a Johann Wolfgang von Goethe, um dos maiores inspiradores da obra de Rudolf Steiner. Segundo consta, Hilma af Klint presenciou sua inauguração e testemunhou os acabamentos dos afrescos do teto do grande salão, com imagens representando toda a evolução humana, em suas sucessivas correntes e eras. Tomando em conta que naquele mesmo ano ela e Thomasine entraram como membros da Sociedade Antroposófica, pareceu óbvio que escolheram participar da inauguração da sede do movimento que acabavam de abraçar.

Dornach recebia a cada ano um grande número de antropósofos que começavam a se aproximar e se estabelecer com suas famílias em torno do Goetheanum, formando uma comunidade disposta a estudar e praticar as ideias inovadoras de Rudolf Steiner. Enquanto boa parte da Europa atravessava períodos difíceis e turbulentos, a Suíça parecia ser o local ideal para o florescimento deste impulso por se tratar de um país neutro e à parte dos conflitos.

Rudolf Steiner, por sua vez, a partir de 1919, percebendo que o momento da humanidade exigia uma mudança de consciência urgente, chegou a oferecer uma média de trezentas palestras e cursos sobre os mais diversos temas. Jovens de diversas partes da Europa o procuravam em busca de uma nova compreensão e conexão com os mistérios da vida humana. A partir destes questionamentos surgiam caminhos renovadores, no qual um novo olhar para a sociedade, como um organismo social trimembrado, estabelecia outros entendimentos sobre as relações econômicas, jurídicas e espirituais. Assim, os ramos da Pedagogia, da Ciência Farmacêutica, da Medicina, da Agricultura e das Artes, entre outros, ganhavam uma seiva viva capaz de nutrir o ser humano e reconectá-lo à sua origem cósmica espiritual. Encontrar esta seiva viva foi exatamente o que levou as duas amigas a enfrentar uma longa e cansativa viagem, de aproximadamente um dia e meio de trem, até a Suíça. Elas passaram meses, a partir daquele ano, em Dornach, vivendo na pensão Haus Köllinger, há poucas quadras abaixo do Goetheanum. Ao longo de nove anos, até 1932, as amigas retornaram a Dornach, dedicando-se às atividades em torno da Sociedade Antroposófica no Goetheanum. As estadias variavam de três a seis meses. Elas estudavam e pesquisavam nos arquivos da biblioteca, e assistiam aos cursos e palestras de Rudolf Steiner e de seus colaboradores. Ele, por sua vez, entrava em um ritmo cada vez mais exigente de palestras, que chegaram a ultrapassar o número de quatrocentas ao ano, em seus últimos anos de vida.

A partir de sua primeira viagem à Suíça, a artista e cientista espiritual dedicou-se ao aperfeiçoamento de uma nova técnica que começava a ser experimentada por artistas e outros estudantes do meio antroposófico. A aquarela sobre papel úmido permitia a vivência das cores vivas. O elemento da água e o uso de pigmentos puros possibilitavam experiências com as cores, libertando as formas rígidas e entrando no mundo transparente e dinâmico que acontecia enquanto as cores se diluíam sobre a superfície molhada. A proposta que começava a ser pesquisada na época era orientada por Steiner e aqueles que estavam desenvolvendo com ele novas práticas terapêuticas na área da Salutogênese.

O objetivo era permitir a queda da forma para uma maior diluição e flexibilização da alma. Através das misturas e transições, a experiência das cores flutuantes tinha, além de uma proposta técnica para artistas que buscavam o estudo da teoria das cores (referenciada em Goethe), havia também o pano de fundo do viés terapêutico e o exercício da prática meditativa como possibilidades para aqueles que buscavam conquistar novas formas de observação e percepção do mundo físico e espiritual.

Conhecendo Hilma e Thomasine, a partir de todos os elementos factuais que as definiram até então, é provável que ambas buscavam o desenvolvimento de suas capacidades para que pudessem seguir além de suas pesquisas pessoais. Hilma af Klint acolheu a proposta a partir daquele ano, passou a pintar somente aquarelas sobre papel, numa produção que chegaria a mais de setecentas, até 1932.

> *Faça-se a luz! Rompe-se o primeiro ato daquele drama. Quando a luz cósmica brilhou na escuridão, as trevas desejaram possuí-la. A luz resistiu em ser devorada. Surgiram formas, texturas, contrastes... luta e reconciliação. E entre dores e alegrias, nasceram as cores.*

Pesquisador, escritor e poeta, Goethe dedicou boa parte de sua vida à investigação apaixonada do encontro da luz com as trevas e seus fenômenos. Sua obra A Doutrina das Cores foi escrita no século xviii na Alemanha, onde as correntes filosóficas racionalistas e empiristas excluíam as cores como um problema do pensamento. A natureza pouco misteriosa das cores era perfeitamente analisável no campo da física ou da óptica. Porém, Goethe, pertencendo ao Romantismo Alemão, inaugurou uma nova perspectiva, que pretendia ser uma obra científica, e sobretudo, redescobrir a cor como fenômeno da experiência viva. Não se tratava mais de uma física da luz e não se tratava ainda de uma lógica das cores, e sim do que poderíamos chamar de Fenomenologia do Visível. A Doutrina das Cores sugeria que a óptica de Newton era cega para as cores, pois para Goethe seria um equívoco afirmar que todas as cores derivariam do branco. Ao longo de suas experiências, afirmou que a luz era absoluta em si e que as cores surgiam a partir da turbidez, ou do nebuloso encontro entre estas polaridades. Uma vez extintas as condições de luz ou de escuridão, as cores desapareceriam. Goethe propôs uma interpretação das cores a partir do órgão da visão:

> *Se o olho não tivesse sol,*
> *Como veríamos a luz?*
> *Sem a força de Deus vivendo em nós*
> *Como o Divino nos seduz?*

Quando Schopenhauer, em 1813, explicava que o mundo sensível era nossa representação e que a luz não existiria se não a víssemos, Goethe olhou-o fixamente com seus grandes olhos e disse: "Não, o senhor não existiria se a luz não o visse". Seguindo esta lógica, tudo na natureza – seus elementos e suas forças – estaria em alternância contínua entre o efeito e seu contrário. A dualidade do fenômeno é o princípio da vida.

Hilma af Klint e outros artistas da época, incluindo Kandinsky, estavam profundamente interessados nas experiências e fenômenos da cor por meio da Teoria das Cores de Goethe, resgatada pela Antroposofia. A escolha pelo período em que se estabeleceu em Dornach pode também ter relação com os temas das conferências oferecidas naquela mesma época, quando, entre setembro e dezembro de 1920, Rudolf Steiner proferiu uma série de aulas sobre as cores e a arte – conforme registros do Goetheanum.

Nos cadernos de notas de Hilma, e até nos de Thomasine, foram encontradas anotações de algumas destas palestras, denotando sua participação e interesse no tema. Durante uma delas, Steiner discorreu sobre o amarelo e o azul e parece que em suas anotações sem data, abaixo, Hilma fez alguma relação com suas pinturas, que desde 1907 representavam os dois aspectos, o azul para o feminino e o amarelo para o masculino:

> Dr. Steiner nos explica que as cores surgem a partir do encontro da escuridão com a claridade. O amarelo é um claro suave e o azul é um escuro atenuado... A pintura surge através das mãos, não tem relação com a cabeça... O Dr. Steiner diz que a forma é filha da cor... A cor é perfeição e a forma é o corpo da cor... Menciono isso em conexão ao meu trabalho a partir do ponto de partida amarelo e azul. (Originais cedidos pela Fundação Hilma af Klint).

Depois da primeira visita a Dornach, intensificaram-se os estudos da Antroposofia, assim a pintura de Hilma af Klint mudou definitivamente. A fase das abstrações geométricas passou agora para a vivência meditativa através de estudos de cores em aquarela. A partir de então, a artista, na casa dos 60 anos, aceitou recomeçar. A cor agora foi o ponto de partida de sua pesquisa. A partir das experiências com as cores, as formas se dissolvem e novas figuras se formam, os contornos rígidos ou geométricos não existiam. Não se tratava mais de ilustrar o mundo espiritual ou puramente físico.

Analisando seu fio biográfico, acredito ser possível que Hilma af Klint, na fase de vida em que se encontrava, tinha outras motivações além da pesquisa espiritual, incluindo a Teoria das Cores. A Dra. Ita Wegman, neste período, também estava trabalhando junto com Steiner no desenvolvimento e na renovação da arte médica e suas terapias a partir da Antroposofia. Nos arquivos de sua clínica em Arlesheim, encontrou-se o prontuário de uma consulta datado em 15 de março de 1923, atestando que Hilma a procurou, queixando-se de dores no corpo de tempos em tempos, principalmente nas pernas. Na ocasião, Hilma tinha 61 anos. A Dra. Wegman escreveu em sua anamnese a prescrição medicamentosa que envolvia arnica e chumbo, entre outras substâncias.

A visão antroposófica da prática médica considera o ser humano dotado de corpo, alma e espírito. As dores no corpo, entre muitos aspectos a serem analisados, podem estar associadas a uma postura rígida não necessariamente física, mas um possível excesso de autoexigência, entre outras manifestações. Naquela época, a aquarela era também um recurso terapêutico que começou a ser adotado nas práticas antroposóficas que consideravam a Arte de grande importância nos processos de saúde e cura para a alma. Associado a substâncias e até massagens, a experiência da diluição da aquarela, o exercício das transições e a vivência das cores poderiam possibilitar uma atuação sanante nos sintomas e somatizações. Será que, além da pesquisa teórica e da prática meditativa das cores, Hilma não estaria também vivenciando um caminho terapêutico por meio da aquarela?

Quem sabe se as palavras de Schiller, em sua ode ao homem lúdico, não estariam ressoando na alma da mulher madura e sofrida após tantos anos de dura disciplina? "O homem não só pode, mas também deve unificar prazer e dever; ele deve obedecer a sua razão com alegria" (SCHILLER, 1990, p. 464).

Ao observar seus trabalhos nos primeiros anos, pintando na técnica aquarelada, tenho a impressão de que estavam mais para exercícios lúdicos do que pinturas a serem equiparadas ao mesmo nível das fases anteriores, comparadas às séries e sequências tão detalhadamente descritas, numeradas e organizadas dos anos anteriores. Quem sabe enfim chegara o tempo para que as partes da alma de Hilma, desde aquela menina tolhida dentro da academia militar à jovem formada aos moldes da clássica Academia de Artes e a rígida cientista do espírito, pudessem simplesmente brincar espontaneamente após tantos anos de rigidez e obediência? Para quem tinha dores no corpo, soltar-se pela aquarela parecia ser uma oportunidade e uma cura.

Nas palavras de Johannes Nilo, responsável pelos arquivos e documentos do Goetheanum e um interessado estudioso de sua obra:

> No último período criativo, entre 1919 e sua morte em 1944, a pintura de af Klint mudou drasticamente. De agora em diante ela pinta apenas com cores aquareladas, um pouco como se estivesse acostumada às Escolas Waldorf. No entanto, um olhar mais atento revela

> que essas imagens são executadas com precisão quase que matemática sem serem projetadas de forma despreocupada. A forma e a cor, a linha e a superfície, a intenção e o acaso são graciosamente postos em prática. Mesmo que quase tudo mude externamente, seu interesse pela cognição permanece constante. As imagens mais recentes mostram que ela mais uma vez educou-se totalmente, soltando e lutando por um caminho entre a imagem da natureza e o simbolismo espiritual. Talvez seja mais apropriado considerar Hilma af Klint como pioneira na superação da abstração (Nilo, 2015, p. 83).

A fase em que Hilma começou a pintar as translúcidas aquarelas reflete biograficamente a época de sua primeira infância na escola militar. Será que aquela menina, sonhadora e observadora da natureza, cujos verões na fazenda permitiam a liberdade lúdica, não estaria agora sendo resgatada e quem sabe, pela primeira vez em toda sua vida, não estaria libertando-se da estrutura militar e das formas acadêmicas que aprendera?

> *Franziu o rosto quando pensou que pintar sobre um papel tão molhado era algo realmente novo... Nas tentativas anteriores travou uma luta com as manchas que não se rendiam ao seu controle. Mas não haveria de desistir, pois confiava na indicação recebida. Conforme recomendado, molhou o papel com uma esponja macia e esticou-o na prancha sobre a mesa. Molhou a ponta do pincel na tinta carmim. Prendeu o fôlego como quem ia mergulhar em um lago gelado e tocou o pincel no papel molhado. Bastou encostar de leve o pigmento e... Blomstrade i blom! Tal qual uma flor a se abrir diante dela, desabrochou o carmim expandindo-se na superfície. Är vid liv... Está vivo! – e imediatamente relaxou os ombros, soltou o ar e... sorriu!*

Mais uma vez ela aceitou o desafio e se entregou, não mais às mãos invisíveis e às ordens da alta hierarquia à qual ela se submetia em sincera obediência. Livre de toda forma, de toda métrica, de toda técnica, a inovadora proposta exigia apenas que ela, munida de toda sua calma interior, devoção e ausência de julgamento, buscasse encontrar a essência de cada cor, permitindo que as imagens surgissem, não mais do Alto, nem através dela, mas sim da própria essência da luz traduzida em cor.

Steiner falou nesta época sobre dois erros no âmbito da criação artística, um deles era o de copiar a natureza sem devoção, dissecando a vida numa cópia fria e inanimada, ou seja, reproduzir somente sua realidade exterior puramente física. O segundo seria revelar fielmente o suprassensível, sem o critério e o devido respeito ao expor o sagrado descuidadamente – estes dois extremos não eram aconselháveis. A pintura deveria estar entre estes dois, para que por meio da criação artística o ser humano se encontrasse cocriador e criatura, sem buscar dominar, mas sim, compartilhar com a natureza e o cosmos a criação que permeava todo impulso artístico.

> Neste sentido, o artista se apresenta a nós como o continuador do espírito que atua no mundo; ele continua a Criação onde o Espírito Divino a abandonou. Ele se apresenta em íntima confraternização com o Espírito Divino, e a Arte como a continuação livre da evolução natural. Com isto o artista eleva-se acima da vida real comum e leva consigo quem consegue aprofundar-se em suas obras. Ele não produz para o mundo finito; ele o transcende (Steiner, 2014, p. 34).

A Arte estava em toda parte, dos detalhes do Goetheanum às práticas renovadas pelo olhar da Antroposofia. Hilma e Thomasine

*Residência de Hilma af Klint em Helsingborg (aprox. 1930)*

pintavam, assistiam a concertos e apresentações e praticavam euritmia – que era também uma renovadora arte do movimento, desenvolvida por Marie Steiner e suas jovens alunas, em 1912.

Logo após a inauguração da nova escola espiritual da Antroposofia, seguiram-se anos difíceis para todos em Dornach. As relações entre a geração jovem e o grupo mais conservador estavam em conflito. Além disso, intensificava-se o pensamento nacionalista inflamando os alemães descontentes com sua situação. Os moradores daquela pequena vila Suíca na Basileia também sentiam-se incomodados com o fluxo de pessoas que começavam a chegar de todas as partes do mundo, para frequentar aquele edifício exótico no alto da colina. Julgavam, sem compreender, que os antropósofos executavam rituais de bruxaria e alguns vizinhos sentiam-se ameaçados com todo aquele movimento.

Na véspera da passagem do ano de 1922 para 1923, após uma apresentação artística em meio a um seminário que incluía palestras e espetáculos, um incêndio destruiu completamente o primeiro Goetheanum. Segundo relatos, o prédio ardeu em chamas durante toda a noite, e o órgão de cobre inflamado, produziu sons e magníficas chamas esverdeadas. Ao amanhecer, todo o trabalho de anos foi transformado em cinzas.

*Desceram à rua em silêncio ainda impactadas após a apresentação daquela noite do Drama de Mistério. As imagens das euritmistas em seus véus coloridos deslizando no palco, das colunas e capitéis esculpidos e das pinturas da abóbada do teto... as falas dos atores... tudo era belo e intenso demais e elas não tinham mais palavras. No entanto, sentia aquela forte dor de cabeça e o medo... Algo terrível estava por acontecer... Hilma conhecia este fenômeno pois foi assim perto de eclodir a Guerra. Thomasine aplicou um óleo de lavanda em suas costas, em suaves deslizamentos, como aprendeu com as enfermeiras da Dra. Wegman. O gesto a confortou, mas o medo manteve-se. Quando fechou os olhos, foi invadida pelas chamas. Impotente, deixou as lágrimas escorrerem... mesmo se chorasse a noite toda não seria suficiente para aplacar o fogo destruidor. No dia seguinte souberam, o Goetheanum ardeu em chamas a noite toda, estava destruído.*

Imediatamente após o incêndio, Steiner começa a projetar sua reconstrução. Desta vez, concebeu uma forma cujos ângulos abertos ao céu expressavam um novo gesto. Diferente da antiga cúpula, fechada em si mesma, esta nova estrutura nem o fogo teria o poder de destruir.

Em 1925, portanto, começaram as obras do segundo Goetheanum, entrando para a história da arquitetura como a primeira construção em concreto armado de grande escala a empregar este material para formas escultóricas. Em 1924, no Congresso de Natal, Steiner fundou a nova Sociedade Antroposófica Geral; em seguida, adoeceu e retirou-se gradualmente das atividades públicas, até sucumbir em 1925.

Hilma, por sua vez, acompanhou todo o drama destes anos. O historiador Åke Fant conta que ela conseguiu breves encontros com Steiner. Ela descreveu que se preparava com cuidado, elaborando as perguntas e o material que queria lhe apresentar de forma a não perder nem um minuto de seu precioso tempo com ele. Diante de tudo que foi descrito, e levando em conta a demanda e assédio que Steiner devia sofrer, parecia mesmo um grande esforço conseguir sua atenção.

Em algum momento dos anos 1920, ela escreveu a Steiner (Klint apud Fant, 1998, p. 97):

Dr. Steiner,

O que vou fazer com as pinturas da fase inicial? Devo queimá-las? Elas são úteis para a Sociedade Antroposófica? Eu sozinha não tenho conhecimento para explicá-las todas. As primeiras duas partes da obra completa o senhor viu alguns anos atrás e também as fotografou. Entretanto, eu já acrescentei mais duas outras partes que são uma continuação dos dois primeiros trabalhos.

Dornach 24/04/1924

*Estimado Dr. Steiner,*

*Devo destruir as pinturas que o Sr. mesmo viu e que produzi entre 1906 e 1920? Ou elas podem servir para alguém?*

*Grande devoção,*
*Hilma af Klint*
*Haus Kölliker Dornach*

Diante de tudo que ocorreu naquele ano, é provável que ele não tenha tido tempo de se pronunciar a respeito da mensagem, pois ela foi enviada no período em que já estava doente e logo depois faleceu. Ao considerar que ele era a única pessoa capaz de entender e ajudá-la com a sua obra, é provável que tenha se sentido muito desamparada após sua morte. As evidências nos sugerem que Hilma entrou novamente em um momento de pausa e reflexão. De 1925 a 1930, não se sabe de nenhuma nota ou pintura. Mesmo assim ela e Thomasine continuaram retornando a Dornach. Também nesse período houve uma outra perda, seu irmão Gustav morreu aos 68 anos.

A preocupação de Hilma sobre como sua obra seria entendida pelo público cresceu com os anos. Era importante encontrar um lugar e um grupo de pessoas que a assumissem. Naquele mesmo ano fez também um movimento para expor alguns de seus quadros. Existem cartas trocadas entre ela e alguns amigos em Dornach ao longo de um ano, buscando apoio na tentativa de obter permissão para expor no Goetheanum, que estava em vias de ser reinaugurado. Sem obter retorno, em 1928 a obstinada Hilma entrou em contato diretamente com a Sociedade Antroposófica da Holanda, onde aconteceria o Congresso Mundial de Antroposofia. A princípio foi acolhida pela organização, que se mostrou muito entusiasmada com a oportunidade de apresentar sua pesquisa e pinturas no congresso.

Wolfgang Moldenhauer era um dos amigos de Hilma em Dornach e, ao que tudo indica, era um estudioso botânico que cuidou de alguns jardins e canteiros medicinais nas terras do Goetheanum. Ele estava interessado em ajudar Hilma e agia de forma diplomática no processo. Porém, o fato de ela ter tomado a iniciativa e ter procurado diretamente os organizadores do congresso na Holanda lançou por terra todo esforço e apoio que ele estava buscando para a exposição no Goetheanum. Após este episódio, as correspondências de Hilma af Klint com a Sociedade Antroposófica na Holanda mostraram que o plano inicial, que envolvia uma ampla exposição no congresso, diminuiu gradativamente em quantidade de pinturas, até que fracassou completamente e, para grande decepção de Hilma, a exposição não aconteceu. Segundo escreveu Åke Fant em seu livro anos depois, algumas pinturas foram mostradas no novo Goetheanum. Entretanto, nenhuma evidência a mais sobre esta mostra foi encontrada, não se sabe nem mesmo quando isso ocorreu e quais obras foram selecionadas.

Depois de 1930, é provável que as viagens a Dornach tenham chegado ao fim, pois não houve registros de que elas tenham estado por lá novamente.

Provavelmente já estavam enfraquecidas pelo esforço dessas viagens. Além do fato de que, após a morte de Steiner, uma série de conflitos internos sobre os segmentos da Antroposofia e a compreensão das diretrizes que ele havia deixado entre os membros e os dirigentes responsáveis pelas sessões do Goetheanum estavam no auge de um colapso.

Na casa dos 70 anos, desde o período em que começou sua jornada mais autônoma e sem a intervenção direta dos Mestres do Alto, ela já havia investigado e estudado temas como: os órgãos humanos e suas propriedades, os povos, culturas e épocas históricas e religiosas. Ela estudou os animais minuciosamente conforme a aparência exterior, em seguida reconheceu o arquétipo simbólico essencial por trás de sua aparente forma física. Flores, cereais, musgos e cogumelos, minerais e metais até os ciclos de reencarnação também passaram pelo mesmo processo e eram registrados nas inúmeras páginas de seus diários permeados de desenhos associados às aquarelas sobre papel úmido.

Algumas vezes as imagens eram formadas durante uma palestra, em outras, em processo meditativo. Em abril de 1937, Hilma ensina à Sociedade Antroposófica de Estocolmo, e diz:

> Todas as vezes que consegui realizar um dos meus esboços, minha opinião sobre a humanidade, os animais, as plantas, os minerais e a criação em geral tornou-se mais clara. Senti que estava liberada e levada acima da minha consciência mais limitada. Nesses momentos, consegui colaborar e ser inspirada por seres que pareciam querer me ensinar e me encorajar a alcançar uma maior liberdade através das minhas pinturas. Era a diferença entre a aquisição de conhecimento preliminar e a obtenção de conhecimentos que se estendem acima das habilidades terrestres, pelos meios que Dr. Steiner ensinou, que são excelentes. Ambos são legítimos. A pessoa que experimentou a aquisição de conhecimento preliminar e o que ela tem que lutar para entender e fazer uso tem pouca dificuldade em reconhecer sua dependência a inteligências de alto nível. Minha vida incluiu o conceito de receber assistência e lutar para fazer uso do que recebi com antecedência, tudo em imagens e escritos (Fant, 1990, p.49)

Essa luta para entender o que foi dado de antemão caracterizou muito de seu trabalho posterior. Existe uma grande sabedoria nas notas de Hilma. O conhecimento místico tomou forma em palavras e imagens. No entanto, o elemento sagrado permaneceu.

Em uma das conferências de Steiner em Dornach, Thomasine Andersson transcreveu algumas de suas palavras:

> Há uma nova era diante de nós quando nos aprofundamos nas experiências e sentimentos que podem ser desenvolvidos através da visão de mundo trazida pelos conhecimentos espirituais. Esta é uma era em que o caminho para a arte em várias maneiras passará a ser diferente do que era anteriormente. Esta será mais cheia de vida. O meio de criações artísticas será vivido pela alma humana muito mais intensamente do que foi vivido em tempos anteriores. Cores e tons serão vivenciados muito mais intimamente pela alma humana de uma maneira moralmente espiritual. Nas criações dos artistas vamos encontrar as experiências de suas almas no caminho do cosmos (Fant, 1990, p. 49).

*Hilma af Klint em 1918*

A partir dos anos 1930, seguiu-se uma produção de pinturas durante um ano inteiro, a configuração rigorosa foi transformada, mudou sucessivamente para composições mais livres. Há uma multidão de figuras com aparência humana em uma interpretação do mundo das cores. As diversas imagens não receberam título ou esclarecimento, em suas anotações observa-se que ela entrou no campo anímico espiritual. Nesta fase, ela escreveu que Gidro, seu anjo ou amigo espiritual, a acompanhou de perto.

Em torno de 1935, Hilma af Klint e Thomasine Andersson mudaram-se da costa para o interior de Lund – Grönegatan 28. Quais seriam os motivos que as levaram a escolher esta região, já que não se sabe de nenhum parente ou amigo próximo que vivia por ali? A escolha pode ter envolvido objetivos traçados para aquela fase biográfica, quando ambas eram duas senhoras livres, seguindo seus estudos e buscando sempre maior conhecimento. Lund, oferecia qualidade de vida e mobilidade de ordem prática, estava próxima da Dinamarca, onde havia diversos recursos de transporte e conexões ferroviárias, facilitando em muitos aspectos o deslocamento das duas senhoras, que continuavam viajando com frequência.

Outro motivo que as levou a escolher viver ali pode ter relação com o fato de ser uma das regiões mais antigas da Suécia, datada de 990 d.C. Desde aquele tempo, a região já carregava seus contrastes, em que mil anos de história se misturavam com o conhecimento e as ideias modernas que permanentemente afloravam. O clima era agradável e permitia que atravessassem os invernos sem necessidade de se deslocarem. Era um ambiente cultural rico, em que a Universidade de Lund, famosa por suas safras de estudantes e pesquisadores advindos de todas as partes, atraía jovens do mundo todo. Responsável pelas maiores coleções históricas e pelo especial acervo impresso com livros que abrigavam mais de cem mil metros de prateleiras, a Biblioteca da Universidade de Lund era desde aquele tempo um patrimônio nacional e permitia pesquisas públicas. Dentre as sessões de pesquisa acolhidas em seus prédios de arquitetura majestosa, envolvidos pelos parques e jardins do horto florestal do campus, as sessões de Teologia e Ciências pareciam ter igual relevância, a julgar pelo trabalho que Hilma seguia elaborando. Atualmente, pesquisas indicam que a região de Malmö, incluindo Lund, é a quarta região mais inventiva do planeta.

Não me parece ser por acaso que Hilma escolheu viver ali, onde forças de vida afluem inspirando almas buscadoras de conhecimento.

> O sagrado não se mistura e não se detém. Ele cruza nosso caminho e o vemos sempre "pelas costas". Sua face não se faz manifesta nunca. Não é por acaso que a ideia de "segredo" lhe seja fonética e semanticamente semelhante. O significado de "segredo", porém, é capcioso. Por "segredo" se entende algo oculto que pode ser revelado. Talvez não se deva ou talvez não se possa momentaneamente revelá-lo, mas qualquer segredo insta a possibilidade de sua revelação. O segredo não é uma impossibilidade de sua revelação. O segredo não é uma impossibilidade, mas, sim, um estado oculto de algo por se revelar. Nesse sentido, o sagrado e o segredo são antônimos. O primeiro é o oculto por natureza, o segundo, o oculto que pode ser revelado (Bonder, 2007, p. 11).

A velha casa de campo, na ilha de Munsö, aos poucos foi ficando vazia. Os verões não eram mais os mesmos, os ventos das estações foram levando, ao longo dos anos, acenos e ruídos daquele lugar com ecos imaginários de uma antiga colônia feminina da deusa caçadora Ártemis. Assim como a brasa da lareira vai se consumindo até as cinzas, o tempo levou uma a uma as mulheres que viveram ali, entregues à velhice e à irremediável foice da morte.

Tudo indica que Anna Cassel já não morava mais lá nesta época, desde a morte de sua mãe em 1922. Mas é sabido que voltava com Hilma e Thomasine por alguns verões, quando pintavam e estudavam juntas naquele período. Mesmo depois de entregarem a casa de campo, Anna manteve em dia os impostos e despesas de manutenção do ateliê, que não foi desativado nem após sua morte. Nos períodos em que Hilma esteve em Dornach, Anna atravessou momentos difíceis. Seu irmão, como muitos industriais europeus da época, havia investido em ações russas. Após a Revolução Russa, muitos empresários faliram. Os sobrinhos de Anna contam que viveram tempos de vergonha, pois seu pai – que era um aristocrata prestigiado inclusive pelo rei – caiu em desgraça.

Anna Cassel ajudou prontamente seu irmão e sua família. Até que, em 1937, aos 77 anos, chega a sua vez. Anna Cassel despediu-se da vida deixando escrito em testamento que o ateliê fosse preservado e mantido como um bem material inalienável. Entretanto, embora o imóvel estivesse no patrimônio de Anna Cassel, o terreno pertencia ao Barão Gierta. Esta situação se manteve tensa por mais sete anos, até a morte de Hilma, quando Hitler, com sua sinistra lista, mandou eliminar não só as obras, mas também os artistas que ele chamava de malditos, enviando-os para campos de concentração ou simplesmente mandando executá-los por considerar sua arte abstrata uma aberração diante dos clássicos que ele tanto invejava. Graças ao investimento de Anna e sua fiel sustentação do legado, e de Hilma com seu constante zelo e cuidado, o acervo das pinturas manteve-se arejado e protegido dos bolores da guerra e do clima.

*Na hora azul, quando a neve e o céu se misturavam e o mundo parecia ter sido envolvido por um manto suave, Hilma sentiu uma brisa cálida e soube que a alma de Anna estava ali para se despedir. Ela a acompanhou até um plano luminoso, onde sua amada irmã – impetuosa mulher e guardiã de um espírito altruísta – seguiu com um pincel na mão, apegada ainda à Arte a que tanto serviu.*

*Recebida por Esther e Ananda no portal, por um momento sentiu que Lotten Cassel estava entre eles. Anna dissipou-se na luz cor de ouro deixando Hilma na escuridão do inverno em pleno mês de fevereiro.*

Ao longo de cinco anos, desde que se mudaram, as duas amigas, Thomasine e Hilma, viveram em Lund. Considerando o grande volume de livros que tinham – principalmente livros de Antroposofia, doados à Biblioteca de Lund após o falecimento de Hilma –, parece que tinham uma relação íntima com a Universidade, e até, quem sabe, com alguns de seus estudantes e pesquisadores.

Em 1932, Hilma pintou duas aquarelas em forma de mapas, uma mostrando o norte da Europa, a outra mostrando o Mediterrâneo Ocidental. Seu sobrinho Erik af Klint contou ao historiador Åke Fant que ela pressentiu a Segunda Guerra Mundial e mostrava que a Península Ibérica não seria afetada: "Ela me apresentou isto muitos anos antes da eclosão da guerra" (1939 – 1945). Quando em 1939 a guerra acordou a fera faminta, destruindo cidades e desolando almas em toda Europa, ela já havia escutado seu rugido sete anos antes.

*Mapa da Grã Bretanha 1932. Aquarela e lápis, 70,2 × 48,5cm.*

Desta vez o arsenal era bem mais elaborado que o da Primeira. Enquanto Hilma cuidava, em completo anonimato, de manter em segredo suas descobertas na área da pesquisa espiritual, o século xx avançava em descobertas mais barulhentas, com invenções e avanços tecnológicos que impulsionavam o esquema bélico, afetando também o modo de vida da sociedade. Além das inovações da indústria, da física, da química, da biologia e da medicina, crescia favorecendo a economia uma certa classe social, ao custo do sacrifício de diversas almas. Quem determina o destino daquilo que foi criado, e o que se tornará quando estiver em outras mãos com o passar do tempo? Como prever as consequências de nossa criação?

Assim como os inventores do avião e da energia nuclear que testemunharam suas criações voltarem-se contra a humanidade à sua revelia, Hilma convivia com profundas perguntas e angústias sobre o destino de suas pinturas. Ainda havia um conflito em relação à produção das 193 obras, finalizadas em 1916. O que foi gerado por ela depois estava mais próximo de sua individualidade, pois agora interagia no processo.

Os anos dedicados ao estudo da Ciência Espiritual permitiam que ela reconhecesse o caminho que trilhava com mais segurança. Embora a relação com os seres espirituais de outrora não estivesse extinta, tudo indicava, a partir de seus relatos escritos, que ela tinha plena autonomia no leme de sua embarcação e que, àquela altura de sua vida, ela já havia se autocartografado.

Depois de inúmeras tentativas de encontrar apoio para dar sentido às obras, a artista fez algumas discretas investidas. Uma delas foi levar um seleto grupo de antropósofos da Escandinávia, que não chegou a vinte pessoas, até o seu ateliê na ilha de Munsö para apresentar-lhes as pinturas. Aos 75 anos, ela ansiava por apoio entre aqueles que considerava seus parceiros de busca espiritual. Ao que tudo indica, de acordo com os relatos nesta ocasião, ela buscava mostrar o seu processo e compartilhar os aprendizados através das imagens que pintou.

Para embasar os conteúdos e as orientações que estudou, dedicou-se em apresentar também as pinturas que havia desenvolvido após seu encontro com Steiner. Mas, de novo, não houve eco. Era evidente que Steiner estava certo quando advertiu que décadas seriam necessárias até que alguém estivesse apto a reconhecer tanto esforço. Outra tentativa, quando ela estava então perto dos seus 75 anos, consistiu em uma palestra em 16 de abril de 1937. Na esperança de sensibilizar os membros da Sociedade Antroposófica de seu país, uma vez que em Dornach ela não havia sido bem-sucedida, e preocupada com o destino da obra, ela buscou apoio para que cuidassem de sua propriedade oculta. Com esse objetivo ela fez uma conferência para os antropósofos suecos, apresentando alguns trabalhos selecionados. Ressaltou que suas aquarelas mais recentes eram dedicadas a Rudolf Steiner. Sua tentativa, entretanto, não levou a nenhum resultado. Em um caderno de notas, foi encontrado o conteúdo preparado por ela para esta conferência. É tocante perceber seu tom humilde e reverente e o cuidado com as palavras em sua busca por explicar seu processo criativo, citando Steiner num profundo anseio por reconhecimento:

> *(Tente entrar no campo astral através da experiência das cores.*
> *A vocês que têm o desejo de escutar minhas descrições sobre como os esboços tomaram forma para, então, dedicar uma crítica sobre meu trabalho, quero, de antemão, agradecer.*
> *Dr. Steiner disse em uma conferência em 17 de fevereiro de 1918: "Quando a mão executa uma pintura, esta mão está em conexão com o órgão de luz que se encontra próximo ao coração". Dr. Steiner prossegue dizendo que esta força que o órgão de luz envia, cruza através de todas as direções, e que esta deveria ter uma conexão com todas as energias que se movem ao redor do planeta Terra. A segunda direção da cruz, que vai de*

baixo para cima, dos pés à cabeça e da cabeça aos pés, se compreende como:
o pensamento quente e o desejo luminoso. Em minhas tentativas há uma busca de compreender o mundo astral através das cores.
Peço permissão para citar algumas palavras do Dr. Steiner, desta vez no seu idioma original, em comparação com o que já foi citado: a conferência mencionada é "O sensível e o suprassensível em sua realização através da Arte". Dr. Steiner diz entre outras coisas: "Se você olhar para a pintura pensativamente, poderá reconhecer sua natureza seráfica. Ela expande-se das mãos que estão em contato com o órgão de luz perto do coração".
Essas palavras são notáveis e deveriam inspirar reverência e humildade. Acreditar nisto também significa poder acreditar que, na profundidade da nossa essência, existe uma força maravilhosa. Estamos rodeados pelas forças de Ariman e Lúcifer, que nos impedem de alcançar nossa criança interior. A luta contra eles é necessária, contudo, gostaríamos de atingir a meta de viver em Cristo alguma vez. Mas, antes desse dia chegar, temos que reconhecer que possuímos ambos, a escuridão e a claridade. Somente de vez em quando somos lembrados desta última.

Cada vez que eu consegui realizar um de meus esboços, o meu entendimento sobre a humanidade, os animais, as plantas, os minerais e todos os seres vivos em si se tornou mais claro. Senti que fui libertada e elevada acima de minha consciência mais limitada. Nesses momentos eu consegui trabalhar e ser inspirada pela essência que parecia querer me ensinar e me incentivar a atingir uma maior liberdade através dos quadros. Quais são, então, essas essências? Quando eu certa vez me atrevi a perguntar ao Dr. Steiner, ele me respondeu: "Não se deve perguntar essas coisas". Então fui encaminhada à minha força interior.

Essas experiências obtidas entre 1907 e 1908 – pinturas iniciais para O Templo – demonstraram que eu estava confiante sobre a conexão entre as almas. Estas podem estar vestidas em corpos físicos ou não e eu penso que o caminho de um artista plástico e um músico é mais fácil em comparação com as outras almas. Por exemplo, as que pertencem àqueles que já não estão em nosso mundo e que atendem nosso desejo de chegar ao encontro delas. Aqui temos um grande campo de trabalho.

Espero que não me entendam mal quando falo sobre isso, como se eu estivesse falando a partir de uma posição privilegiada. A diferença entre adquirir pré-conhecimentos e compartilhar conhecimentos que estão fora do alcance da nossa capacidade terrestre é grande, ambos são verídicos. O mesmo espírito elevado do Dr. Steiner, mostra ocasionalmente o que está por trás do conceito de Graça. Aquele que já experimentou e recebeu o pré-conhecimento que, depois, necessita se esforçar e se dedicar para entender, este não tem dificuldade de reconhecer sua dependência de inteligências mais elevadas.

Minha vida tem contido este conceito de obter ajuda e esforço para me dedicar ao que eu recebi de antemão. Tudo está em imagem e por escrito. Receber a obra que começou em 1907 e ainda conservá-la em boas mãos é, entre outras coisas, o que me mantém na vida física. Novamente cito as palavras de Dr. Steiner:

Erfüllung geht
Durch Hoffnung
Durch Sehnen
Geht durch Wollen.

O que se cumpriu passa pela esperança,
pelo anseio,
passa pelo querer.

(Klint apud Fant, 1990, p. 49)

Dos poucos que tiveram o privilégio de visitar o ateliê no início dos anos 1940 e se sensibilizaram, dispostos a ajudá-la na sua missão, o antropósofo e escultor Olof Sundström foi quem demonstrou um interesse genuíno pela obra. Desse encontro, iniciaram algumas correspondências que se estenderiam até o fim da vida de Hilma. Por esta razão, Olof Sundström foi naturalmente quem catalogou a cronologia das obras, em parceria com Erik af Klint, depois da morte de Hilma.

Hilma af Klint tinha o hábito de rever frequentemente as anotações das mensagens recebidas nos anos do De Fem e, ao que tudo indica, Olof passou a acompanhá-la em suas revisões sobre os conteúdos escritos ao longo de décadas nos inúmeros diários. Nesta época ela preparou um léxico detalhado, onde desenvolvia o significado de todos os símbolos, letras e possíveis interpretações do alfabeto particular das pinturas para O Templo.

Palavras de Olof Sundström, referindo-se a Hilma quando a conheceu:

> Ela era uma pessoa de pensamento sóbrio e claro, matemático. Nada sentimental, sua personalidade era límpida, caracterizada por uma postura espiritual, resultado de um profundo e detalhado esclarecimento científico sobre todos os erros, deficiências e características da alma. De uma severidade incorruptível, um posicionamento firme e o cumprimento de qualidades morais. Humor seco e modo de viver humanamente simples, modesto e corajoso – sim, ela foi uma personalidade rara que, de sua figura discreta exterior, irradiava uma supremacia e um poder que dificilmente encontramos (SUNDSTRÖM apud FANT, 1990, p. 17).

Em 1941, Hilma realizou as 19 últimas imagens, somando 793 pinturas desde sua primeira viagem a Dornach. Um tema de suas investigações foi o incêndio do primeiro Goetheanum em Dornach; outro foi a influência da natureza nos humanos. Ela manteve sua metodologia de pesquisa, que consistia em desenhos detalhados, estudos para as pinturas subsequentes, feitos inicialmente nos cadernos. Mais tarde, foram transformados em aquarelas, em papéis de formato um pouco maior. Um aspecto curioso é que, em alguns casos, Hilma af Klint pintou em ambos os lados do papel da aquarela, frente e verso. A razão para isso teria sido econômica – ou talvez ela não quisesse carregar tantos papéis em suas viagens. Outra possibilidade é que essas imagens fossem somente estudos ou experiências que não tinham o mesmo valor que pinturas mais estudadas e elaboradas.

Como aconteceu ao longo de toda sua biografia, as perdas e crises, fossem elas internas ou externas, geravam novos movimentos ou mudanças de direção. Assim também ocorreu em Lund no ano de 1940, quando Thomasine, sua companheira de viagem, enfermeira dedicada, tradutora e amiga de estudos, morreu. Sempre em frente e cada vez mais sozinha, Hilma persistia em sua busca espiritual. Todos, suas amigas e familiares diretos, já estavam em outro plano.

> *Aquela partida veio acompanhada de um dos fenômenos que desde menina mais a encantavam, a aurora boreal... Assim como não se podia prever quando as luzes invadiriam o céu estrelado... Assim como o jorro de luz colorida dançava em profusões numa coreografia fantástica no espaço... Assim foi também com a alma de Thomasine, seguindo o rastro de cores no céu até encontrar sua estrela.*

Aos 80 anos, Hilma continuou vivendo em Lund, mas se mudou para o endereço Spolegatan 3a, onde passou a viver sozinha em um pequeno apartamento de dois cômodos e cozinha. Reescreveu e queimou o que era muito confuso ou doloroso para transmitir ao mundo e apagou tudo o que indicava algo pessoal. "Não é importante, a obra é o que deve falar", dizia Hilma.

Foi também nesta mesma época que ela redigiu seu testamento, estipulando que todo o acervo deveria ser destinado ao seu sobrinho Erik af Klint, entre outras condições e detalhes descritos na íntegra. Em seguida, condicionou que somente depois de passados vinte anos as obras poderiam ser reveladas aos olhos de quem pudesse zelar por elas. O conteúdo do testamento revela o quão lúcida ela se encontrava nesta fase de sua velhice. Como atestou seu sobrinho, não existia nela nenhum traço de fantasia. Ela cuidou de cada detalhe de forma prática e com os pés bem plantados no chão.

Lund. d. 27/I 1941

A. v. Rosen
med. lic. f.d. överläkare

Hans Gustafsson
teol. stud.

## Tillägg till mitt Testamente

[illegible] i Lund i portföljer förvarade akvareller från 1920–1942
[illegible]ndes till Munsöateliern. Antroposofisk literatur på tyska
[illegible]pråket skall skänkas till Universitetsbiblioteket i Lund.
[illegible]versättningar av Antroposofisk literatur erhåller Stadsbiblio=
[illegible]ket i Lund med undantag av vad mina brorsöner önska behålla.
[illegible]ennepo[illegible]trättet i Lund införlivas med Munsö samlingarna.
[illegible]d som [illegible] [illegible] [illegible] i Ateljerbyggnaden och Fröken Hedvig af Klints
[illegible] [illegible] utvälja därav uteslutes.
[illegible]ina båda andra brorsöner Kapternerna Börje och Viktor af Klint
[illegible]de godkets fullt bistå Kapten Erik af Klint att tillvarataga Atelier
[illegible]na och den som sist lever – om ej på annat sätt ordnats –
[illegible]lämna det till Antroposofiska Sällskapet i Stockholm.
[illegible]oken Ellen Rydbecks testamentariska tillgodohavanden stryckas.
[illegible] min bortgång sker i Lund och eldbegängelsen i Malmö torde
[illegible]nans nedsättas på Munsö kyrkogård nära kyrkan.
[illegible]n testamentsexekutor förordnas Kapten Erik af Klint eller någon
[illegible] hans bröder, Fröken Ellen Rydbeck utgår såsom hjälp.
[illegible]skaffas vit kista i Lund torde begravnings entreprenörens
5 Snt. Petrikyrkogatan ombesörja alla kostnader och ersättas
dödsboet.

Lund den 28 Juni 1942

Hilma af Klint

Att fröken Hilma af Klint vid fullt förnuft
[illegible] är den, vilka gjort [illegible] testamentstillägg, som
[illegible] egenhändigt [illegible], intygas av oss på [illegible]
[illegible] närvarande, för ändamålet [illegible] vittnen.

Lund den 28 juni 1942.

Hans Gustafsson
teol. stud.

Augusta Hultz
[illegible]

# Testamento de Hilma af Klint[16]

Com a revogação de todas as minhas disposições testamentárias anteriores, declaro as seguintes disposições para incluir minha vontade maior e final. A meu sobrinho, o capitão da Frota Real, Erik af Klint, terá direito de propriedade:

1) Em parte minha construção do ateliê, construído para a propriedade Bona, em Munsö. Em parte as pinturas, fotografias, anotações e literatura relacionada aos meus estudos antroposóficos, a saber:

(a) No ateliê acima mencionado, no primeiro andar, obras realizadas por mim a óleo e aquarelas, bem como no andar superior existente, duas séries de figuras a óleo, cada uma composta por sete esboços menores;

(b) Em Lund, pinturas e anotações existentes realizadas por mim, armazenadas em dois baús, da mesma forma escritas por mim, anotações situadas na prateleira de livros em minha casa, fotografias e placa fotográfica, toda literatura que eu possuo em alemão e as traduções de livros alemães, assim como o retrato de uma freira;

3) E, em parte, todos os bens móveis existentes no ateliê, no entanto, a senhorita Hedvig af Klint, da casa Klintegård, em Djursholm, terá o direito de primeiro escolher e ficar com o que ela desejar.

Se meu sobrinho morrer antes de mim, as propriedades mencionadas, na mesma ordem, irão pertencer ao meu sobrinho, capitão reserva da Frota Real, Börje G: son af Klint, e caso ele também venha a falecer antes de mim, esta pertencerá à Sociedade Antroposófica de Estocolmo.

É de meu desejo que a propriedade nomeada que não esteja no ateliê de Munsö, seja levada para lá, e depois, a senhorita Hedvig af Klint fará sua escolha de acordo com o que está nomeado acima, esta deve ser guardada o maior tempo possível, tudo nessa casa e propriedades me pertencem até a hora da minha morte;

[16] Testamento de Hilma af Klint, a partir de original cedido pela Fundação Hilma af Klint por meio de seu sobrinho-neto Johan af Klint.

Os bens móveis, que em minha morte estiverem em Lund e que não foram nomeados acima, serão revertidos à senhorita Ellen Rydbeck, Lund;

Eu deixo uma quantia de mil coroas (1000 Kr) para o Instituto Goetheanum para dar à Administração de Goethenaum – Baues, Dornach e Schweiz;

Meu direito à herança depois da morte da senhorita Gulli Ström no ano de 1936, segundo sua nomeação testamentária preservada no Banco Gotemburgo em Estocolmo, assim como a metade do que me pertence de fundos e títulos serão dados para a senhorita Hedvig af Klint acima nomeada, em caso de ela falecer antes de mim, senhora Amelie Bergman (sobrenome de solteira af Klint). A outra metade dos fundos e títulos será dada à senhorita Elsa Haverman, nascida dia 8 de outubro de 1892, residente em Estocolmo;

Eu declaro que, antes da execução da disposição testamentária acima, deve ser reservado para o meu funeral, a saber, um enterro simples em Lund ou onde eu estiver quando eu morrer, e para a minha cremação em Malmö. É o meu desejo que minhas cinzas em uma urna facilmente decomposta sejam guardadas na instância pública do crematório no Jardim 1, Cave 6, próximo ao túmulo nº 4, onde as cinzas da senhorita Thomasine Andersson foram colocadas por mim no ano de 1940;

Eu declaro aqui o executor testamentário, meu sobrinho Erik G. af Klint, ou se ele venha a falecer antes de mim, meu sobrinho Börje G: af Klint. Ao mesmo tempo, eu declaro a senhorita Ellen Rydbeck em Lund como executora testamentária auxiliar e a remuneração dos bens da propriedade deve ser útil com distinção do que, de acordo com o que está escrito acima, será enviado de Lund para o ateliê em Munsö e o transporte do mesmo; é o meu desejo que a senhorita Rydbeck da mesma forma auxilie na aquisição de um caixão branco e assegure que o meu funeral aconteça segundo minhas instruções deixadas acima.

Um ano depois ela refez alguns termos do documento, incluindo algumas cláusulas e modificando outras, no cartório da cidade:

## *Lund, 27 de janeiro de 1941*
## *Hilma af Klint*

Acrescente-se ao meu testamento (escrito à mão):

As aquarelas guardadas no portfólio de 1920–1942, em minha propriedade em Lund, serão enviadas ao meu ateliê em Munsö. A literatura antroposófica em alemão será enviada à Biblioteca da Universidade de Lund. As traduções da literatura antroposófica ficarão na Biblioteca Pública de Lund com exceção do que meus sobrinhos desejam para si. O retrato da freira em Lund será guardado com a coleção de Munsö. Isso que está escrito sobre os bens móveis no ateliê e que a senhorita Hedvig af Klint iria escolher fica agora excluído. Meus outros dois sobrinhos, os capitães Börje e Viktor af Klint, deverão auxiliar o capitão Erik af Klint a cuidar do ateliê e aquele que por último viver – se não for ordenado de outra forma – o deixe para a Sociedade Antroposófica de Estocolmo.

Os créditos testamentários da senhorita Ellen Rydbeck serão excluídos. Depois que minha morte acontecer em Lund e a cremação em Malmö, a urna deve ser colocada no cemitério de Munsö perto da igreja. Como executor testamentário, eu declaro o capitão Erik af Klint ou algum de seus irmãos, a senhorita Ellen Rydbeck será auxiliar. Depois de obtido o caixão branco em Lund, a funerária em St. Petri Kyrkogatan deverá fornecer toda a vestimenta e será reembolsada pela propriedade da falecida.

*Lund, 28 de junho de 1942*
*Hilma af Klint*

Entre os anos de 1941 e 1942, com a ajuda da Dra. Anna Ljungberg, cujo nome foi encontrado em antigas atas dos diários do De Fem, ela ditou os cinco livros que escreveu entre 1917 e 1918 na ilha de Munsö. O tratado intitulado *Estudos sobre a Vida da Alma* possuía 2058 páginas. Depois de datilografado, o texto passou para aproximadamente 1200 páginas. É relevante notar que ela o fez em plena Segunda Guerra Mundial.

Neste complexo texto, também nomeado como *O Evangelho da Alma*, o processo de descrição de imagens, desde a concepção do ser humano até sua jornada terrena em busca de integração, foi um tema que apareceu mais do que outros com uma certa persistência. Trata-se da constante busca por integração das polaridades dentro da alma humana. Para ela, essas ideias não pertenciam de nenhuma maneira a um passado místico, mas sim a realidades atuais. Ela descreveu como se muitos dos problemas contemporâneos ocorressem devido à incompreensão desse fenômeno e que a humanidade deveria lutar para novamente alcançar a integração de suas partes ou polaridades. Seguiu promovendo o entendimento de que possuímos dentro de nós o quaternário, e que nós como seres humanos podemos ser considerados como o quinário (Klint, s/d, p. 1546 – *A Vida da Alma*).

Ela tratava esses estudos como se fossem portadores de mensagens e que serviriam a todos, sem distinção de sexo, origem ou raça. Sugeriu que as mensagens de caráter universal, descritas em seu livro, poderiam ser consideradas como um Quinto Evangelho, e em um de seus capítulos estaria escrito com letras douradas: *Lute para ganhar a experiência sobre a lei do complemento dentro de si* (Klint, s/d, p. 1057 – *A Vida da Alma*).

Em um de seus últimos cadernos de nota, Hilma af Klint conta que manteve contato com seus falecidos pais e esclareceu a eles que sua missão mais importante de vida foi mostrar à humanidade o pensamento da polaridade. Em meu entendimento, esta missão também estaria

*Sem título, 1933 Aquarela, 36 × 25 cm*

associada às esferas da alma que, uma vez integradas, gerariam forças para que a individualidade em sua essência espiritual pudesse realizar-se plenamente em sua existência humana. Este tema é absolutamente atual e pertinente e vem sendo foco de debates em todo o mundo. Em tempos de revisões de conceitos que envolvem as identidades feminina e masculina, em seus desdobramentos de gênero dentro da sociedade, a Arte e pesquisa de Hilma af Klint são de um frescor revigorante.

Além disso, a meu ver, ela transcendeu a esfera da alma humana em seus últimos anos de vida, através do esforço que empregou em entender a atuação do espírito na matéria.

Possivelmente influenciada por seu sobrinho Erik, filho de seu irmão mais velho Gustav, que a visitava frequentemente, ela passou a viver com sua prima solteira Hedvig af Klint, que tinha uma casa confortável em Ösby, Djursholm, nos arredores de Estocolmo. A velha dama, com mais de 80 anos, embora lúcida, estava cada vez mais só e vagarosa. Além de tudo, havia a guerra que impossibilitava as viagens, até mesmo para

o ateliê de Munsö – onde ainda estavam guardadas as centenas de pinturas. Dra. Marty Bax explica sobre aquele tempo:

> (...) Os fascistas declararam uma guerra aberta aos esoteristas ocidentais. As Sociedades Esotéricas em toda a Europa foram para os subterrâneos. Seus membros silenciaram, arquivos foram saqueados, dispersos ou destruídos. A Suécia entrou em uma era de conflitos ideológicos e polarizações, misturada com o Esoterismo Ocidental. (BAX, 1917)

> *A negra e sinistra fumaça dos fornos e das bombas invadia seu quarto, sufocando-a. Seus olhos ardiam e sua garganta apertava nas noites em que acordava agitada com as imagens. Quando a suástica, qual hélice, riscou o céu, deixou um rastro de sangue. Gemeu horrorizada com o uivo dos inocentes do Holocausto. Quando a fúnebre procissão de crianças, seguida por figuras esquálidas atravessou seu quarto, implorando por alívio, ela entoou trechos do Evangelho e pronunciou os mais lindos versos que sabia. Depois, amorosamente os conduziu ao retábulo do altar e lhes mostrou a trilha colorida até o sol, até que um a um, até o último, tivesse galgado os degraus da pirâmide para enfim fundir-se na esfera de ouro luminescente. Naqueles momentos, ela lembrava das palavras de seu lodestar, ao profetizar que as pinturas deveriam estar resguardadas por meio século. Estaria ele tentando proteger a ela e também a obra de toda sua vida?*

Era o ano de 1944, ela estava prestes a completar 82 anos. Estava exaurida desde a última mudança e entristecida com todas as perdas dos últimos anos, além de todo esforço que empreendera para deixar seu legado devidamente a salvo. Foi quando ela caiu de um ônibus e machucou gravemente a cabeça e um braço. Dias depois do acidente foi ficando cada vez mais debilitada, até que silenciosamente adormeceu até a morte, no dia 21 de outubro de 1944. Foi cremada no cemitério do norte e sua urna foi enterrada no túmulo da família de seu pai, no cemitério de Galärvav. Em seu caderno de notas, as últimas palavras escritas no dia 9 de outubro diziam:

> Para vós há um mistério reservado. O quanto antes saberás o que a vós está designado.

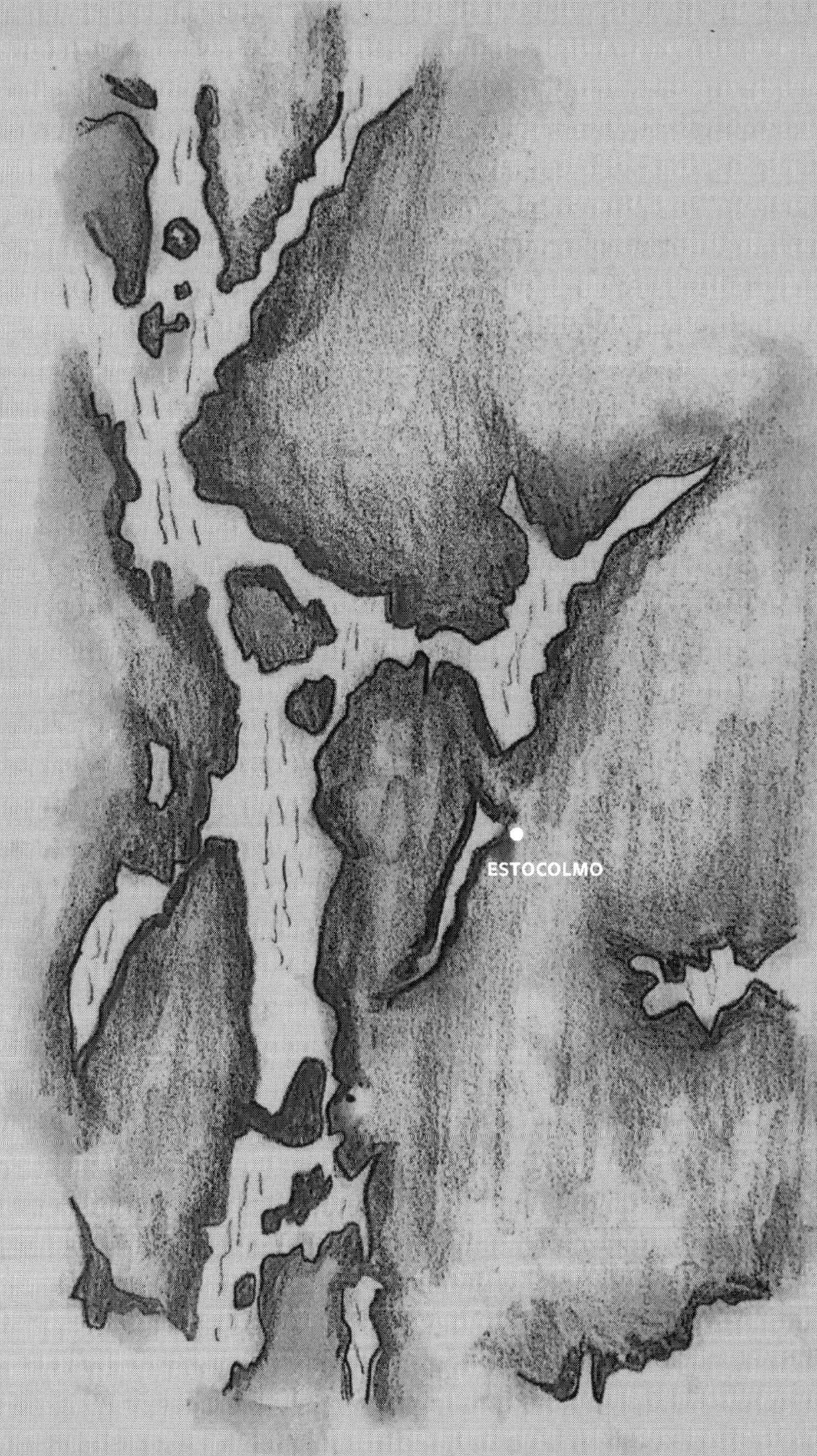
ESTOCOLMO

# Consagração

*De dentro do teu coração uma radiante luz assoma,*
*de onde a imagem... vem surgindo.*
*Palavras posso ouvir provindo dela; soam assim:*
*"Eu conquistei em mim a força que levará à luz".*

R. Steiner

*Quando ela terminou de escrever o codicilo, o breu da noite lá fora era denso, revisou as páginas escritas, e ao final assinou com a mesma letra firme que a definia desde jovem, uma caligrafia forte e determinada – diriam os especialistas.*

*Estava ali seu testamento, estava pronta para partir quando*

*o chamado chegasse, deixara tudo pronto, não queria incomodar além do necessário, buscou poupar trabalho aos que a sucederiam em tudo que foi possível. Ela já havia providenciado a destruição das cartas e registros pessoais, selando sua crença de que somente a obra era importante, e não sua vida, que não merecia memória póstuma.*

*As palavras que escrevera há mais de quarenta anos em um de seus diários ainda ecoavam:*

*Eu sou tão pequena, tão insignificante... mas dentro de mim há uma força que não me deixa descansar e me faz avançar sempre para frente, sem me permitir recuar...*

*Era preciso facilitar o legado de seu sobrinho, minimizando todo trabalho que ele haveria de ter quando os vinte anos após sua morte rompessem o silêncio e ele pudesse revelar toda aquela biblioteca espiritual. Arquivos, documentos, rolos de pinturas, e as séries em papel e canvas estavam todos numerados e catalogados junto aos cadernos de notas, como um compêndio científico, guardados no ateliê de Munsö. Ela acreditava que as imagens e símbolos eram apenas molduras para o conteúdo espiritual que anunciavam.*

*Confiava que haveriam de surgir pessoas capazes de seguir sua pesquisa, para que se cumprisse a missão. Não queria que se dispersassem como páginas arrancadas de um livro, cada série era um capítulo que não poderia ser desmembrado.*

*Não haveria de seguir o curso natural dos artistas, quando uma obra ou outra era pinçada dentre toda uma sequência de pinturas. O exercício exigiria que se contemplasse todo o processo, como quem observa a lagarta até que a metamorfose lhe agracie com asas e lhe permita romper a gravidade rastejante. Era preciso escutar a melodia até o fim. Estava consciente e lúcida de cada detalhe.*

*Além das condições a respeito do acervo das obras, ela pensou em seus poucos pertences e suas economias. Não sentia apego a nenhum bem material, mas alguns objetos guardavam significado e queria que as poucas pessoas que ainda estavam em torno dela pudessem escolher o que lhes agradasse. Descreveu de forma prática e sistematizada todas as providências que desejaria após sua morte, desde a doação dos livros para a Biblioteca de Lund, ao destino do dinheiro que tinha em reserva, parte de suas economias deveriam ser guardadas para os serviços do velório e cremação. E que suas cinzas fossem depositadas junto às de sua querida Thomasine. Um valor de mil coroas suecas estaria destinado em doação ao Goetheanum.*

*Atravessaria o portal que já não era tão desconhecido para ela, afinal, após tantas imagens reveladas, o limiar entre o mundo visível e invisível há muito já não era mais um mistério.*

*Depois de experimentar tantas mudanças ao longo de sua vida, desta vez ela estava preparando a definitiva e derradeira para um mundo bem além daquele. Ela o fazia sem pesar, afinal, por que não deixar casa e bagagens arrumadas para seguir mais leve rumo ao inevitável destino?*

*Bebeu o que restou do chá que havia em sua xícara, estava frio. Estava tão imersa, mergulhada na tarefa que não percebeu o passar do tempo. O frio invadiu o ambiente e sem que ela houvesse percebido já estava escuro. Seu treino para entregar--se a uma tarefa não havia perdido a intensidade desde os tempos em que atravessava noites pintando escondida.*

*Levantou-se com certa dificuldade, as pernas incomodavam, doloridas após o tempo que passara sentada. Sentia-se cansada e, ao mesmo tempo, aliviada por ter conseguido encerrar este último capítulo. Vagarosa, aqueceu água e temperou um pouco o ambiente regulando o aquecedor doméstico, já se preparando para dormir.*

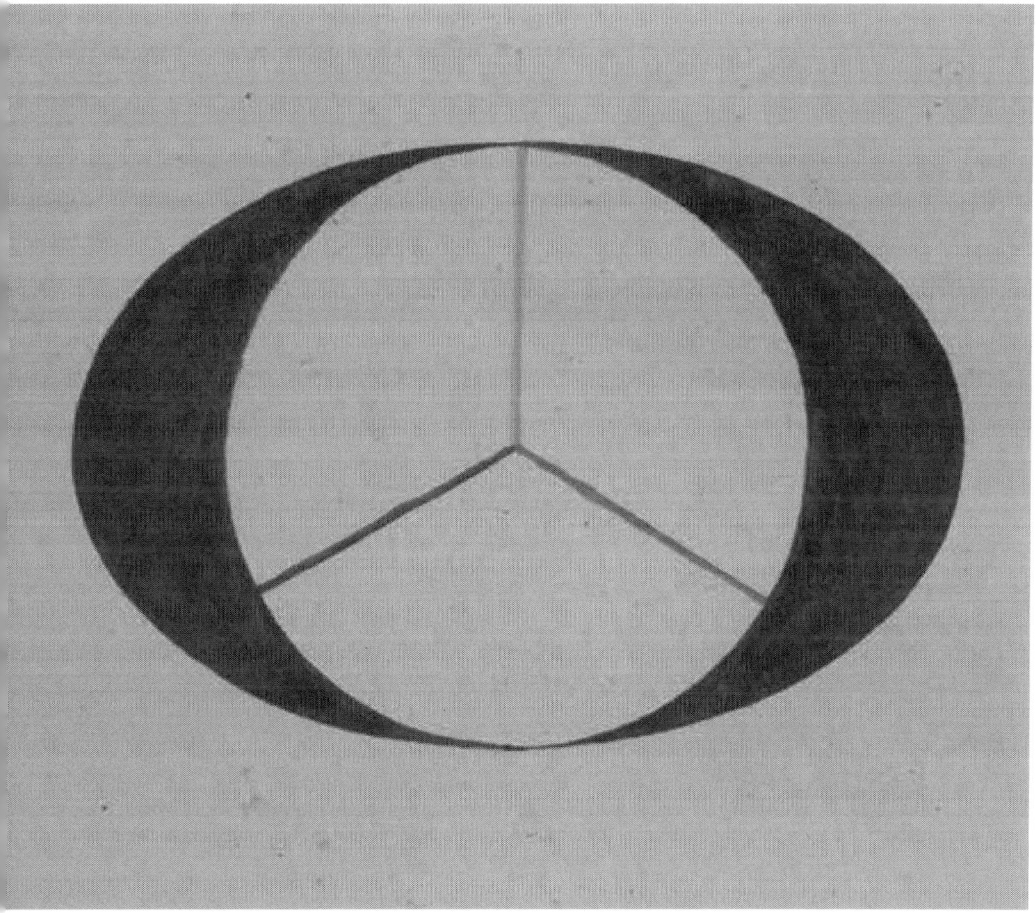

*érie I – nº 6, 1919 Aquarela, 30×40 cm*

*Havia aprendido com a Dra. Wegman, desde os tempos de Dornach, como era importante manter-se aquecida e não deixar seu corpo perder o calor. Mergulhou os pés na água quente com cuidado e salpicou algumas gotas de um preparado oleoso à base de ervas. O aroma exalou do vapor chegando até seus sentidos mais profundos. Ela respirou longamente. Que sensação prazerosa e simples aquela. Recostou-se na cama amparada pelo travesseiro, e deixou-se ficar ali, contemplando aquele momento, serena e em paz.*

*A luz de seu abajur tornava a atmosfera aconchegante, as pinturas em aquarela pregadas nas paredes ganhavam novas formas e dimensões, parecia que estavam vivas e dançavam no silêncio, uma melodia ecoava de algum lugar distante.*

*Olhou para os lírios que havia recebido por seu aniversário e lembrou-se da imagem dos bulbos. Era como se ela tivesse acabado de recolhê-los do jardim, preservando-os para que, no tempo certo, o jardineiro que a sucedesse pudesse se encarregar de plantá-los em terra boa e fértil, a fim de vê-los florescendo em fartos canteiros.*

*Não se sentia só, aquele pequeno cômodo estava repleto de seres, Mestres, amigos, estavam todos ali e ela os sentia e via com os olhos do coração.*

*Quando a água começou a esfriar, enxugou os pés e deitou-se, não havia necessidade de fechar as cortinas, queria ver o céu, o sol não chegaria tão cedo como era costume no outono. Ela acordaria antes dele aparecer no meio da manhã. Deixou-se ficar, não se levantando para despejar a água da bacia em seu lavatório – algo incomum em seus hábitos.*

*Quando apagou a luz, cores se projetaram dentro do cômodo escuro. Seriam as ondas solares e mágicas de mais uma aurora boreal que se pronunciavam nesta época do ano? Desde menina ela se extasiava com estas cores mágicas. Antes de aprender sobre o fenômeno, ela imaginava que eram as cores da alma de um Deus que dançava no Céu.*

*Então, percebeu que o que fosforescia não vinha do céu lá fora e sim de dentro do ambiente de seu quarto. Luminosa e etérica, ela viu uma guirlanda de rosas frescas. Como uma coroa, flutuavam acima de sua cabeça em nuances de tons do branco ao rosado.*

*Ela fechou os olhos e inspirou como se sentisse o perfume das cores que espargiam das rosas, sorriu em gratidão. E assim adormeceu sentindo-se leve e pura como quem cumpriu seus serviços ao Templo e ao final do dia descansou, consagrada.*

## *Cartografias da alma*

No princípio era o Caos, em expansão e contração, quando tudo era movimento, quando som e luz espocaram núme ros e escreveram um novo alfabeto. Ela concebeu a Arte como um ponto de partida, uma ponte ou portal, entre o visível e o invisível. Pintar era um meio de revelação atra vés da transcrição de azuis e amarelos, de hieróglifos cujos mistérios do outro mundo eram revelados. Ela inaugurou uma nova possibilidade para se alcançar o mundo sensí vel em que, através de autênticas cartografias, descreveu os caminhos que nos levaram entre o mundo terrestre e o mundo celeste. O mundo da razão e da emoção, luz e som bra, matéria e espírito, partes para o absoluto Todo.

A exemplo de seus antepassados que se lançaram em explorações desconhecidas, registrando as profundezas de suas águas e demarcando novos territórios, também ela se lançou nas correntes invisíveis da alma, pintando e regis trando o que via. Entretanto, mesmo com mapas e demar cações não seria tão simples explorar este novo continente, pois isso exige que, como ela, nos coloquemos em ousada disposição para a transcendência, abrindo mão de referên cias seguras e nos entregando a esta aventura despidos de conceitos ou explicações. Cem anos depois, ainda fica a per gunta: mesmo com os mapas e indicações do caminho, como iremos percorrê-lo?

Mesmo com tantos registros e mapas, não será possí vel penetrar nestes mundos desconhecidos onde toda uma história e toda uma geografia nos convidam a viajar em su perfícies simétricas, pendulando entre as polaridades, em movimentos espiralados ou em *loopings* que nos elevam para o alto, para em seguida nos arremessar ao chão. A melodia dessa partitura mística é repleta de nuances tristes e de ex tensos suspiros coloridos, que nos embalam e nos colocam de joelhos em devoção e temor diante do imponderável mis tério, para no final nos coroar com lírios e rosas delicadas, caso tenhamos a coragem de embarcar nesta jornada – qual um viajante solitário.

No Templo, o fio de Hilma vai desdobrando seus novelos e nos revelando suas mesclas pelos labirintos da alma humana. Ao nos posicionar diante de *As Dez Maiores*, foi preciso aproximarmo-nos de forma a nos sentirmos dentro delas. Como portais, adentramos em cada época humana desde a concepção. Passando pela inocente infância banhada de tons pastéis, mergulhando nos movimentos dramáticos da juventude, até que maduros colheremos os frutos para, enfim, repousarmos no tabuleiro sensato da velhice. Enfim, diante do altar, contemplamos o renovado retábulo, que re velava a polaridade dramática e as intensificações da des cida e da subida do ser humano em seu caminho evolutivo no centro. Naquele instante somos o alvo e a flecha, somos o ouro e não somos nada. Estamos em casa e nunca estivemos tão longe do sol. Silêncio. Pausa. E novamente recomeça a viagem, tal como um dia, um homem e uma mulher se viram nus por terem escolhido transgredir. Masculino e feminino dentro de toda alma humana, na ânsia de serem livres como formigas, percorrendo os ramos das árvores do Grupo VIII.

Evoluir não era uma escolha, era uma condição, e neste sentido ela seguiu atravessando as fronteiras óbvias do conhecido mundo material, sem hesitar. Ampliando os conceitos, in vestigou o arquétipo das correntes religiosas. E percorreu a jornada de Parsifal em busca de sua verdadeira pergunta.

Com seu estilo transcendente decodificou o átomo, a flor, o musgo e o grão em geométricas fórmulas numa Alquimia Sagrada. Como artista revelou, como cientista pesquisou, como iniciada persistiu. Sua alma visionária não cabia dentro do espaço e tempo de sua época. Ela abriu suas asas e, sem saber que era impossível, voou.

# Hilma além de seu tempo

Depois da morte de Hilma af Klint, Olof Sundström escreveu um obituário em alemão, texto traduzido na íntegra abaixo, para que fosse publicado no *Jornal Antroposófico* – "Was in der Anthroposophischen Gesellschaft vorgeht" ("O que está acontecendo na Sociedade Antroposófica"):

> No dia 21 de outubro de 1944 faleceu, em uma idade próxima aos 82 anos, um antigo membro da Sociedade Antroposófica da Suécia, a artista plástica Hilma af Klint. Como observadora, ela dedicou grande parte de sua vida ao que, para ela, era naturalmente uma conexão com os mundos espirituais. Com sua seriedade, subserviência e profunda entrega de sua alma à Cristologia, ela serviu totalmente a essas revelações sobrenaturais, que ela realizou em imagens e palavras.
>
> Em 1908, ela encontrou Rudolf Steiner e, depois disso, iniciou uma busca por viver sua própria experiência com o conhecimento do grande mestre. É profundamente comovente acompanhar como sua obra, composta por aproximadamente 1200 trabalhos em imagens e palavras, foi desenvolvida sob a influência de um estado antroposófico.
>
> Nos últimos vinte anos de sua vida, ela pintou unicamente aquarelas com as quais – como ela dizia – buscou atingir o mundo astral através da experiência com as cores para conectar-se com os mortos. Entre as aquarelas, encontram-se fantásticas obras de arte com uma linguagem de cores e uma força nas linhas que lembram os esboços do Dr. Steiner, até mesmo o que a profundidade das revelações tem em comum. Esperançosamente teremos uma ocasião para dar um espaço para sua obra em nosso jornal. Aqui se publica primeiramente um ensaio que, em sua profunda moralidade, pode ser uma ajuda para encontrar o destino da nossa sociedade.
>
> O. Sundström

O obituário de Sundström não foi publicado. Meses após sua morte, apenas uma pequena nota foi publicada.

# Algumas considerações sobre Hilma af Klint por Johan af Klint

Hilma af Klint (1862 – 1944) nasceu em uma das maiores famílias de oficiais da marinha em curso do mundo. Seus antepassados foram oficiais da marinha desde meados de 1700 – participando na Guerra Naval de Gustaf III com a Rússia em 1788 – 1790.

Além disso, a sociedade na época era muito dominada pelo homem. A pobre Hilma nasceu nessa família não apenas como mulher, mas também com uma mente vívida. Ela deve ter se sobressaído mentalmente em relação aos membros da família e se sentiu um pouco confinada dentro dos círculos familiares.

Assim, também sua família estava aborrecida com ela, já que eles haviam financiado sua boa educação como pintora, e ela começou a pintar de uma maneira que ninguém conseguia entender, e nem mesmo era permitido ver. Meu pai, Erik af Klint, tinha muita empatia por ela. Ele literalmente tomou Hilma "sob suas asas" e manteve contato com ela, tanto em sua casa de verão "Furuheim", em Munsö, quanto em sua residência de inverno em Helsingborg, no sul da Suécia.

Como Hilma não conseguiu encontrar um lugar para que suas pinturas abstratas fossem abrigadas a longo prazo, ela começou a confiar suas obras a meu pai. Quando seu testamento foi finalmente aberto, todas as 1.200 pinturas abstratas de Hilma e todos os seus cadernos de anotações de mais de 26.000 páginas manuscritas foram dadas a ele para cuidar. Ele ficou chocado! Meu pai era um oficial da marinha; ele não tinha os meios financeiros para cuidar dessas obras, nem o conhecimento sobre a formação religiosa delas. Felizmente para ele, Hilma af Klint era da opinião de que a humanidade naquela época não estava madura para entender o significado de seus trabalhos. Por isso, ela insistiu que eles não deveriam ser mostrados ao público até pelo menos 20 anos após sua morte. Meu pai preparou caixas especiais nas proximidades de nossas fazendas de Adelsö, onde as pinturas foram enroladas e armazenadas. Todas as caixas foram mantidas no sótão de nossa casa no centro de Estocolmo. Lá, sob um telhado de zinco, todas as pinturas permaneceram por 20 anos, com uma temperatura que pode chegar a cerca de 40°C durante os meses de verão, e a cerca de -15°C no inverno. É um milagre que elas ainda existam hoje!

Em 1966, eu estava a caminho da Universidade da Califórnia em Berkeley, para meu mestrado em finanças. Antes de embarcar, tive um tempo livre. Meu pai e eu então decidimos descer todas as caixas e fotografar todas as pinturas em slides de filmes de modo a permitir que terceiros as vissem. Nós dois ficamos surpresos, desenrolando uma pintura abstrata após a outra. Nenhum de nós entendeu o que viu. Mas ambos estávamos sobrecarregados, para dizer o mínimo. Meu pai entendeu que eu tinha algo em comum com Hilma af Klint. Ela estava pesquisando sobre os filósofos ocidentais, eu sou mais orientado para o Extremo Oriente. Meu pai posteriormente testamentou todas as obras de Hilma af Klint para mim, no caso de acontecer algo com ele. Hilma af Klint era a irmã do meu avô.

Também meu pai não teve sucesso em encontrar um lugar para que todas as obras de Hilma af Klint permanecessem por um longo período. Em 1972, decidimos em conjunto estabelecer a Fundação Hilma af Klint, para a qual todas as 1.200 pinturas abstratas de Hilma af Klint e todos os seus cadernos foram doados para custódia. Agora todos esses trabalhos estão sob uma rede de segurança legal.

Meu pai começou como o primeiro presidente da Fundação. Meu irmão mais velho, Gustaf, o sucedeu nesta tarefa. Eu estava na época trabalhando no exterior. Quando Gustaf faleceu, eu estava de volta à Suécia e assumi o cargo de presidente da Fundação. Além de classificar vários aspectos da Fundação, os principais objetivos eram: (i) Apresentar Hilma af Klint e suas obras ao público internacional; e (ii) Assegurar que a pesquisa acadêmica fosse iniciada em torno de Hilma af Klint e suas obras e apoiar esses esforços.

Tudo começou com a exposição de sucesso no Moderna Museet em Estocolmo, em 2013, e a subsequente exposição itinerante na Europa, sob a sua orientação, quando mais de um milhão de pessoas viram as obras da Hilma af Klint. Eu também insisti que seminários deveriam ser realizados em conexão com essas exibições, sendo compostos de historiadores religiosos, historiadores de ideias, assim como historiadores da arte. Esses seminários foram fundamentais para que a pesquisa acadêmica decolasse em torno de Hilma af Klint e suas obras.

A grande conquista de Hilma af Klint foi tornar o invisível visível. Ela apresentou ideias filosóficas e conceitos espirituais fisicamente para que nós pudéssemos observá-los em uma tela.

Para Hilma af Klint, os aspectos religiosos e suas formas de arte eram como vasos comunicantes. Ela foi particularmente influenciada pelos rosacrucianos, os teosofistas e o Cristianismo. É isso o que intriga os jovens de hoje – um século depois dos quadros terem sido pintados!

Hilma af Klint pintou para o futuro e o futuro é agora!

**Johan af Klint**
é sobrinho-neto de Hilma e atual dirigente da Fundação Hilma af Klint em Estocolmo, e escreveu este relato especialmente para o livro *As Cores da Alma*, em 4 de abril de 2018.

## Depoimento de Gustaf af Klint em 1998

Muito contra a vontade, meu pai herdou a coleção inteira do trabalho de Hilma. Ele considerou a administração dessas obras como uma responsabilidade muito grande para uma única pessoa. No entanto, Hilma considerou que ele era a pessoa mas adequada para a tarefa. Felizmente, ela declarou que a apresentação de seu trabalho não deveria ser feita até 20 anos após sua morte. Isso coincidiu com a aposentadoria do meu pai, o que significava que a tarefa de lidar com a coleção poderia começar em um momento muito conveniente. Os aspectos mais importantes que ele considerou na época foram:

– Colocar a coleção à disposição daqueles que procuravam o conhecimento espiritual ou aqueles que pudessem contribuir para cumprir a missão ordenada pelos Líderes de Hilma;
– Proteger a coleção, a fim de assegurar que ela caísse apenas nas mãos de pessoas com uma atitude incorruptível e para garantir que a profanação fosse impedida;
– Organizar a preservação permanente do trabalho. Para alcançar estes fins, foi criada uma base: Stiftelsen Hilma af Klints Verk (Fundação Hilma af Klint), situada em Estocolmo. Esta, constituiu uma base fundamental para futuras atividades.

A apresentação da coleção, no entanto, não aconteceu até que alguns anos se passassem. As tentativas de sensibilizar o interesse dos museus suecos não tiveram êxito e foi apenas em meados da década de 1980 que a primeira apresentação aconteceu. O local foi Los Angeles, em 1986, como parte de uma exposição intitulada *O Espiritual na Arte – Pintura Abstrata* 1890 – 1985. A exposição foi considerada como pioneira para a Arte Moderna e consistiu em pinturas de 87 artistas. Doze das pinturas de Hilma foram exibidas em uma sala separada. A exposição também foi exibida em Chicago e em Haia, na Holanda. Em 1987 e 1988, as pinturas de Hilma foram exibidas como parte de uma exposição escandinava *Konkret I*

*Norden* (*Arte Concreta na Escandinávia*), exibida na Finlândia, Suécia, Noruega, Islândia e Dinamarca. Posteriormente, seguiu-se uma exposição separada organizada pelo Nordiskt Konstcentrum (Centro de Artes Nórdicas). Visitou Helsinque, Nova York, Reykjavik e Moss, na Noruega. De 1989 a 1991, esta exposição foi exibida no Moderna Museet em Estocolmo, depois em Gotemburgo e Lund na Suécia, e em Odense na Dinamarca. A exposição variou um pouco na sua apresentação, mas consistiu entre 90 e 125 pinturas.

Durante 1991 – 1992, as exposições das pinturas de Hilma foram realizadas em Albertina em Viena, Graz na Áustria e Passau na Alemanha. Isso incluiu cerca de 90 pinturas.

A próxima grande exposição em que suas pinturas foram exibidas foi no Schirn Kunsthalle em Frankfurt, durante o verão de 1995. Esta exposição, intitulada *Okkultismus und Avant Garde – von Munch bis Mondrian – 1900 – 1915* (*Ocultismo e vanguarda – de Munch a Mondrian – 1900 – 1915*), continha 787 obras, entre as quais dezoito pinturas de Hilma, exibidas em salas separadas.

Durante 1998, as duas pinturas premonitórias de 1932, mostrando duas cenas da Segunda Guerra Mundial, foram exibidas em Estocolmo. Em abril e maio de 1998, haverá uma grande exposição dedicada ao trabalho de Hilma em Sodertalje – Konsthall, ao sul de Estocolmo. Conterá 110 pinturas, concentrando-se no período em que Hilma estava sob a influência da Antroposofia e de seu fundador, Rudolf Steiner. Ao mesmo tempo, as obras de Hilma participarão de uma exposição a ser realizada em Melbourne, na Galeria Nacional de Victoria, intitulada *Além da Crença: Arte Moderna e Imaginação Religiosa.* Esta exposição é semelhante à realizada em Frankfurt em 1995.

Uma nova exposição está sendo planejada para ser exibida no Liljevalchs Konsthall em Estocolmo, inaugurada em novembro de 1999 e continuando no novo milênio. A intenção é mostrar todas as principais obras; um total de 193 pinturas.

Houve participação em pequenas exposições com várias pinturas tanto na Suécia como no exterior. A fim de promover a conscientização pública sobre o trabalho de Hilma, a publicidade em paralelo com exposições sob a forma de inclusão em dicionários de Arte, referência de livros e monografias como ilustrações ou textos foram promovidas. Até mesmo um livro da escola alemã menciona o trabalho de Hilma! Como consequência de muitas exposições nos últimos anos, o interesse no trabalho de Hilma af Klint aumentou. Isso se manifesta pelo nível de indagação e participação em vários eventos artísticos.

**Gustaf af Klint**
Filho mais velho de Erik af Klint e irmão de Johan af Klint

# Posfácio

## Todo fim é um novo começo!

Minha biografia já possui entrelaces muito significativos com a magnitude da Hilma af Klint, tudo isso pela graça do destino de ter conhecido pessoalmente a Luciana Pinheiro. Ironias das sinas pessoais, eis o que surge em minha alma quando me recordo de como tudo começou. Conheci a Luciana pelas redes sociais. Ela solicitava a permissão para participar como aluna ouvinte de uma disciplina que eu estava prestes a lecionar no mestrado e doutorado em educação da Unicamp, em 2015. Minha primeira reação foi de negativa, a turma estava lotada. Estava quase digitando a resposta de que as portas para ela estariam fechadas, quando num átimo do pensamento surge uma imagem: pessoas com garra vão até o fim, enquanto outros sucumbem no meio do caminho. A probabilidade da turma que iniciava lotada era de apresentar desistências. Como dizer não a quem eu não conheço pessoalmente, mas que pode ser alguém com força para ir até o fim? Prenúncio do que pude constatar nos meses seguintes. O aparente vacilo de uma resposta quase automática apresentou seu ponto de mutação, seu ponto de inversão. Aqui nasceu minha conexão com a Luciana e com a Hilma, naquele momento eu não possuía a mínima noção do quão significativa seria a nova decisão, respondi que para ela as portas estavam abertas.

Logo nas primeiras semanas de aula, a Luciana aproveitou os escassos momentos disponíveis durante a informalidade dos encontros na cantina da Faculdade de Educação da Unicamp para falar do seu projeto. Com entusiasmo ela descrevia sua pesquisa sobre a biografia de uma pintora sueca que havia conhecido Steiner pessoalmente, que havia estudado a Doutrina das Cores de Goethe, que foi antropósofa, que havia antecipado as pinturas abstratas, que ficou no anonimato por escolha própria e que iniciava seu reconhecimento público mundialmente. A Luciana descreveu isso em apenas alguns minutos, minha reação foi da mais simples sinceridade: "Traga isso para o mundo". Eu não sabia qual seria o impacto das minhas palavras na alma desta autora. Anos mais tarde ela me revelou que esse encontro foi o impulso definitivo para sua intenção de publicar o livro. Naquele encontro, tive um vislumbre: ela já carregava o espírito da pesquisa.

Hoje eu sei que aquele singelo encontro estava saturado de sincronicidades, cujo teor somente uma consciência desperta para as categorias junguianas consegue perceber quais fios jazem nas costuras do destino. Quais sincronicidades? Por "coincidência", no início do segundo semestre de 2015 eu estava me ocupando com a biografia de alguém que permanecera no anonimato por vontade própria, que se envolvera com o movimento antroposófico, que possui também uma obra magnífica no âmbito esotérico, que havia pesquisado Goethe e Steiner, havia sido polêmico e permanecia não reconhecido. Eu carregava a pergunta: por que certas pessoas trilham caminhos paralelos aos centros de atenção? Qual é a coragem para trazer ao centro quem foi colocado na margem do esquecimento? Por que poucas pessoas se esforçam para dar mérito aos que foram desmerecidos pela história? Estes foram os ingredientes para a minha resposta de trazer ao mundo a biografia desta personalidade enigmática que foi a Hilma af Klint.

Outras sincronicidades estavam presentes. Minha pesquisa de pós-doutorado na Unicamp era justamente sobre a fenomenologia de Goethe, eu estava profundamente mergulhado na Doutrina das Cores goetheana e no desafio de trazer a fenomenologia de Steiner, há um século colocada à margem da academia, para o centro. Demais sincronicidades: Luciana e eu possuímos conexão com a Antroposofia, ambos somos artistas e pesquisadores, e ambos trabalhamos com a biografia humana. Tive o privilégio de testemunhar inúmeras vezes o brilho que surge nos olhos da Luciana toda vez que ela tem oportunidade de falar e desbravar o processo de desvendar Hilma af Klint. Menciono isso, caros leitores, para designar uma qualidade de intimidade e verdade que a Luciana procura estabelecer cotidianamente com a biografia de Hilma. Este livro é resultado de uma longuíssima peregrinação, de caminhadas pelo deserto da pós-modernidade, de alguém que não parou para descansar nos oásis, de alguém que possui intenso primor no que faz.

A proximidade com a Luciana significou para mim, simultaneamente, a proximidade com a obra e a vida de Hilma. Das primeiras pinturas que vi nos catálogos, até o dia em que tive a oportunidade de estar na exposição da Pinacoteca em São Paulo, as obras de Hilma me despertam emoções, indagações e deslumbramentos. Sinto-me sempre convidado a participar do desbravamento de tudo o que é enigmático em Hilma. Já frequentei diversas exposições de pintores abstratos em vários museus europeus e brasileiros. Via de regra, minha alma saiu oca e vazia do encontro com as obras, que sempre me pareceram especulações fortuitas na era do intelectualismo exacerbado, com discursos sofisticados na sua autorrepresentação para camuflar a absoluta ausência de essência e que caem na ultrajante efemeridade do esquecimento, logo que saio das salas de exposição. A exceção sempre fora a obra de Kandinsky. Agora posso acrescentar a exceptualidade de Hilma af Klint. Suas pinturas permanecem vivas e atuantes em minha alma, dizem algo que já compreendo, expressam símbolos que estou meramente tateando, anunciam mistérios que permanecem não desvendados para mim. Aos poucos, Luciana e eu fomos intercambiando nossas descobertas, nos tornamos um grupo de pesquisa informal movidos pela mais genuína vontade de descoberta, que vai se enriquecendo mutuamente quanto mais ocorrem trocas. As obras de Hilma af Klint nos convidam para os mais profundos mistérios da existência humana, natural e cósmica. Suas pinturas solicitam um olhar apropriado para o teor da mensagem. Não é o olhar consumidor, nem o olhar desvairado que perambula pela miríade de atrativos superficiais disponíveis em cada dispositivo eletrônico conectado à rede mundial de informação, nem o olhar embebido com as lentes materialistas que possuem o autêntico gesto do ver além da aparência. As pinturas carregam um paradoxo no tempo pós-moderno, no tempo do frenesi diante do dilúvio das imagens e das informações, elas requerem uma qualidade do olhar que perscruta o profundo e o amplo. Precisamos do tempo para que cada linha, cor ou forma sedimentem em nossa alma. Precisamos do tempo para que cada série pintada se torne sentido e significado, alimentando nossa alma. O olho do corpo e o olho do espírito precisam entrar em unidade, este é o pré-requisito epistemológico da fenomenologia artístico-científico-religiosa que jaz como pano de fundo de tudo o que Hilma produziu. Ela estava extremamente à frente do seu tempo e do nosso. Hilma galgou passos biográficos que correspondem ao processo de individuação junguiano, permeado da polaridade entre a glória da salvação e o risco da autonegação. Para mim, o melhor termo que a define é sui generis. E, quando estamos diante de alguém que foi sui generis, só a compreendemos de fato se nos permitimos conhecê-la através dos conceitos que ela mesma engendrou para configurar sua individualidade durante a existência terrena, e não através da interferência das representações que criamos a respeito da personalidade em questão, que no fundo apenas distorcem o que vemos em vez de revelar. Neste sentido, Hilma requisita todo o teor e potencial social da Filosofia da Liberdade de Steiner diante da qualidade do conhecimento a respeito do outro.

O grupo de pesquisa informal foi desvendando aos poucos certos elementos constituintes e essenciais nas obras da Hilma. Por exemplo, a constante presença de dois conceitos fundamentais da fenomenologia de Goethe: polaridade e Steigerung. Quando o olho do espírito absorve estes dois conceitos e se concilia com o olho corporal, o gesto do olhar se torna fecundo. Hilma estava em conexão com o mistério do ser humano moderno via tradição literária dos templários, pois pintou a série Parsifal e anunciou aspectos vindouros na série dos cisnes, conectadas a Lohengrin – o filho de Parsifal. Os mistérios do Graal permeiam algumas de suas pinturas pela presença do Cálice e da Cruz. Até mesmo na série O Caos Primordial, Hilma parece registrar a Cruz do demiurgo, o princípio primevo de formação do mundo, já presentes no Timeu de Platão alguns séculos antes do nascimento do Cristianismo. E além de tudo isso, o que pouquíssimas pessoas reconhecem e pelo qual Jung teve notória dedicação: a presença nas pinturas do axioma de Maria, o segredo dos alquimistas durante a Idade Média.

Citei todas estas descobertas do nosso grupo de pesquisa informal em apenas um parágrafo, para que você – cara leitora, caro leitor – sinta-se instigada, instigado a saber muito mais e a participar de uma corrente de desvendamento do mistério Hilma af Klint. Além disso, para que você, pessoalmente ou através das redes sociais, entre em contato com a Luciana para poder expressar: "Traga estes segredos para o mundo!" Pois o valor do reconhecimento social que recebemos de cada pessoa, no nosso tempo pós-moderno, é uma gota d'água que impulsiona a travessia no deserto.

As últimas palavras de um posfácio são as últimas palavras de um livro. Que em suas almas – caros leitores – as sementes deste livro e das obras de Hilma clamem por muito mais. E que na alma da autora da presente obra, os futuros livros que procurem dar conta do mistério Hilma af Klint já estejam em gestação.

Todo fim é um novo começo!

**Jonas Bach**

Pós-doutor em educação, pesquisador da fenomenologia de Goethe e da filosofia de Steiner, antropósofo e escritor. Março de 2018.

# Referências

ALMQVIST, K.; BELFRAGE, L. (ed.). *Hilma af Klint: Seeing is Believing.* Londres: Koenig Books; Axel and Margaret Ax:son Johnson Foundation, 2017.

ALMQVIST, K.; BELFRAGE, L. (ed.). *Hilma af Klint: The art of Seeing the Invisible.* Estocolmo: Axel and Margaret Ax:son Johnson Foundation, 2015.

BAIR, Deirdre. *Jung – uma biografia.* Rio de Janeiro: Globo, 2014.

BAX, Marty. Efteråt – Tidskrift för spiritism och dermed beslägtade ämnen. Disponível em: <baxpress.blogspot.com. br>; acesso em 18/04/2018.

BELTLE, Erika; vierl, Kurt. *Nós convivemos com Rudolf Steiner.* São Paulo: João de Barro, 2006.

BONDER, Nilton. *O sagrado.* Rio de Janeiro: Rocco, 2007.

BRADBURY, Ray. *O zen e a arte da escrita.* São Paulo: Leya, 2011.

BURKHARD, Gudrun. *Os fundamentos antroposóficos para a pesquisa do carma.* São Paulo: Antroposófica, 2009.

CAMPBELL, Joseph; moYers, Bill. *O poder do mito.* 26ª ed. São Paulo: Palas Athena, 2008.

CASA DA SUÉCIA. *Hilma af Klint.* Catálogo da exposição. Paris: Casa da Suécia, 2008.

CITATI, Pietro. *Goethe.* São Paulo: Companhia das Letras, 1996.

CORALINA, Cora. *Poesia.* Rio de Janeiro: Graal, 2004.

Davis, Joe. *Nem artistas, nem cientistas – em defesa da unificação do conhecimento*. Folha de S.Paulo, Caderno Ilustrada, p. 06, 04 de fevereiro de 2018, São Paulo.

Fant, Å. *Hilma af Klint*. Estocolmo: Moderna Museet, 26 dez. 1989 – 18 fev. 1990.

Fletcher, John. *Art inspired by Rudolf Steiner*. Hertfordshire (Reino Unido): Mercury Arts Publication, 1987.

Fontes, Joaquim Brasil. *Eros, tecelão de mitos*. São Paulo: Iluminuras, 2003.

Frieling, Rudolf. *Da essência do cristianismo*. São Paulo: Edições Religião e Cultura, 1987.

Gilbert, Elizabeth. *A assinatura de todas as coisas*. Rio de Janeiro: Alfaguara, 2013.

____. *Grande magia – vida criativa sem medo*. Rio de Janeiro: Objetiva, 2015.

Goethe, J.W. Ensaios científicos. São Paulo: Ad verbum; Barany, 2012.

____. *Escritos sobre arte*. 2ª ed. São Paulo: Humanitas; Imprensa Oficial, 2008.

____. *Doutrina das cores*. São Paulo: Nova Alexandria, 1996.

____. *Viagem à Itália*. Tradução de Sérgio Tellaroli. São Paulo: Companhia das Letras, 1999.

Goethe J.W.; schiller, F. Companheiros de Viagem. São Paulo: Nova Alexandria, 1993.

Hagen, Steve. *Budismo*. São Paulo: Pensamento, 2000.

Hemleben, Johannes. *Rudolf Steiner*. São Paulo: Antroposófica, 1984.

Jay, Vimala Ananda. *De A a Z: uma aventura pela escrita*. Campinas: Editora Ungambikkula, 2016.

Jung, C.G. *O espírito na arte e na ciência*. Petrópolis: Vozes, 2016.

____. *O homem e seus símbolos*. 7ª ed. Rio de Janeiro: Nova Fronteira, s/d.

____. *Memórias, Sonhos e Reflexões*. Rio de Janeiro: Nova Fronteira, 2006.

Kandinsky, Wassily. *Do espiritual na arte*. São Paulo: Martins Fontes, 2000.

Klint, Hilma af. *Estudos sobre musgos e líquens, 01 de maio de 1919*. Traduzido para o alemão por Thomasine Anderson em 1919 e do alemão para o português por Jonas Bach Junior em 2017.

____. *Hilma af Klint: Painting the Unseen*. London: Koenig Books; Serpentine Gallery, 3 mar. – 15 mai. 2016.

____. *Hilma af Klint*. Catálogo da exposição. Paris: Casa da Suécia, 2008

____. *Hilma af Klint: målningarna till templet: temppelimaalaukset.* Catálogo de exposição. Liljevalchs (Suécia) 30 out. 1999 – 9 jan. 2000 : Museu de Arte Wäinö Aaltosen (Finlândia), 26 jan. – 26 mar. 2000.

____. Diários, documentos, anotações e cadernos cedidos pela Fundação Hilma af Klint – Suécia: haK 1040 (Léxico), "Diário sobre flores, musgos e líquens" e "Testamento", s/d.

____. *Léxico.* Manuscrito. Estocolmo: Fundação Hilma af Klint, s/d.

KOLAM – the tradicional floor drawing. Tamil Nadu (Índia): Ilaignarkal Education Centre.

LANGER, Johnni. *Dicionário de Mitologia Nórdica.* São Paulo: Hedra, 2017.

LANZ, Rudolf. *Antroposofia, ciência espiritual moderna.* 2ª ed. São Paulo: Antroposófica, 1999.

LARSSON, Laestadius Anna. *Hilma: En roman om gåtan Hilma af Klint.* Estocolmo: Piratförlaget, 2017.

LAWLOR, Robert. *Geometria Sagrada.* São Paulo: Edições del Prado, 1996.

LIEVEGOED, Bernard. *O salvamento da alma.* Aracaju: Edições Micael, 2009.

____. *O homem no limiar.* São Paulo: Antroposófica, 1999. lindén, Gurli. I Describe the way and Meanwhile I am proceeding along it: a short introduction on method and intention in Hilma af Klint's work from an esoteric perspective. Estocolmo: Rosengärdens, 1998.

____. *Vägen till templet : Hilma af Klint : förberedelsetiden 1896 –* 1906 [Estrada ao templo, Hilma af Klint – O período de preparação (1896–1906)]. Estocolmo: Rosengärdens, 1996.

LISPECTOR, Clarice. *O Tempo.* Rio de Janeiro: Rocco, 2014.

*LIVRO DE EDDA da Mitologia Nórdica* – Völuspá – A Profecia da Mulher Sábia ou A Profecia do Vidente.

MARTIN, Kathleen. *O livro dos símbolos.* Berlim: Taschen, 2012.

MEIRELES, Cecília. *Poesia Completa.* Rio de Janeiro: Global, 2017.

MILANESE, Flávio E. *Os caminhos de iniciação e a antroposofia.* Apostila. s/d.

MORAES, Wesley Aragão de. *Ocultismo e seus caminhos.* São Paulo: Barany, 2017.

MÜLLER-WESTERMANN, Iris (org.). *Hilma af Klint: A Pioneer of Abstraction.* Berlim: Hatje Cantz, 2013.

Müller-Westermann, I.; Widoff, J. Hilma af Klint – *A Pioneer of Abstraction*. Catálogo de exposição. 16 fev. – 26 mai. 2013. Estocolmo: Moderna Museet; Berlim: Hatje Cantz, 2013.

Niederhauser, Hans Rudolf. *Parsifal*. Distribuição interna da Associação Beneficente Tobias, Comunidade de Cristãos. São Paulo, s/d.

Nilo, Johannes. Hilma af Klint – Hilfe und Kampf. *Zur Ausstellung im Hamburger Bahnhof in Berlin* [Texto para a exposição no Hamburger Bahnhof em Berlim]. *Die Drei*, Frankfurt, n. 6, p. 81-4, 2013.

O'Neil, George; o'neil, Gisela. *A vida humana*. São Paulo: Ad Verbum / Antroposófica, 2014.

Papus. *Tratado de ciências ocultas*. São Paulo: Editora Três, 1973.

Pleijel, Agneta. *Carta de um verão chuvoso*. 2015. Disponível em: http://www.ytterjarnaforum.se/tankerum/agnetapleijel-brev--ur-en-regnig-sommar; acesso em 20 de outubro de 2017.

Prado, Adélia. *Poesia Completa*. Rio de Janeiro: Record, 2015.

Schiller, F. *A educação estética do homem*. São Paulo: Iluminuras, 1995.

Schindler, Maria. *Pure Colour*. Hillside (Reino Unido): Rudolf Steiner Press, 1989.

Setzer, Sônia. *Parsifal, um precursor do ser humano moderno*. São Paulo: Antroposófica, 2008.

Shamdasani, Sonu. C.G. *Jung, Uma biografia em livros*. Petrópolis: Editora Vozes, 2014.

____. Prefácio. In: junG, C.G. *O livro vermelho: Liber Novus*. Petrópolis: Editora Vozes, 2010.

____. *Jung e a construção da psicologia moderna*. São Paulo: Ideias e Letras, 2005.

Shankar, Pavitra Shakti. *Raiz das estrelas: o jardim que é meu... um jardim que é nosso*. Campinas, Ungambikkula, 2017.

Silveira, Nise. *Imagens do inconsciente*. Petrópolis: Vozes, 2015.

____. *Jung, vida e obra*. São Paulo: Paz e Terra, 2011.

Smith, Patti. *Devoção*. São Paulo: taG / Companhia das Letras, 2018.

Souza, Paulo César. *As palavras de Freud*. São Paulo, 2010.

Steiner, Rudolf. *Arte e estética segundo Goethe*. São Paulo: Antroposófica, 2014.

____. *Mistérios iniciáticos*. São Paulo: Antroposófica, 2009.

____. *Pedagogia, arte e moral*. São Paulo: João de Barro, 2008.

____. *O portal da iniciação*. 2ª ed. São Paulo: Antroposófica, 2007.

____. *Calendário da Alma*. São Paulo: João de Barro, 2006.

____. *O coração e o desenvolvimento humano*. São Paulo: João de Barro, 2006.

____. *Pedra Fundamental*. São Paulo: João de Barro, 2005.

____. *O conhecimento dos mundos superiores*. 4ª ed. São Paulo: Antroposófica, 1996.

____. *Como atua o carma*. 4ª ed. São Paulo: Antroposófica, 1996.

____. *A educação prática do pensamento*. 3ª ed. São Paulo: Antroposófica, 1996.

____. *A missão das almas dos povos*. São Paulo: Antroposófica, 1986.

____. *A moral teosófica*. São Paulo: Antroposófica, 1985.

____. *The Influences of Lucifer and Ahriman* – Man's Responsibility for the Earth. North Vancouver: Steiner Book Center, 1976.

____. *O Cristianismo Rosacruz*. Conferências. Tradução de Flávio Ernesto Milanese. S/d.

STEVENS, Anthony. *Jung*. Porto Alegre: L&Pm Pocket, 2012.

VERNANT, Pierre. *Mito e tragédia entre os gregos*. São Paulo: Paz e Terra, 2009.

WAGNER, Ulf; Bernitz, A.M. *Hilma af Klint: beyond colour. In See! Colour!*, Kulturforum Järna, Suécia, 2011.

WILKINSON, Philip. *O livro ilustrado da mitologia*. 2ª ed. São Paulo: Publifolha, 2001.

# Cronologia

## 1862 – 1871

Nascimento em 26 de outubro de 1862.
Castelo de Karlberg, na Suécia.
Pais: Victor af Klint e Mathilda Sontag (quarta filha de cinco crianças).
Ensina cadetes da Academia Militar em Karlberg.
Compartilha com o pai seu grande interesse pela Física e Matemática, o que terá uma grande influência em seu trabalho como artista.

## 1872 – 10 anos

Mudança para Nortullsgatan em Estocolmo.
Verões na fazenda de Hanmora na ilha Adelsö no lago Mälaren.
Estuda na Normalskola (Escola Normal para Meninas).

## 1880 – 18 anos

Dá aulas de ensinamento na Escola Dominical na fazenda da família em Hanmora, na ilha de Adelsö. Hilma af Klint vai à Escola Técnica de Design e cursa pintura de retrato com Kerstin Candon. Sua irmã Hermina morre. Interesse por sessões espíritas.

## 1882 – 20 anos

Hilma af Klint vai para a Academia Real de Arte. Amizade com a colega estudante Anna Cassel.

1887 – 25 anos

Hilma af Klint se gradua com menção honrosa. Estúdio em Hamngatan 5 – pintora profissional de retratos e paisagens de estilo naturalista.

1889 – 28 anos

Membro da Sociedade Edelweiss. Fundação da Sociedade Teosófica em Estocolmo.

1896 – 33/34 anos

Início do grupo das Cinco ou De Fem. Participação secundária na configuração do grupo.

1898 – 36 anos

Morte do pai. Mudança para Brahegatan 52, Estocolmo.

1900 – 38 anos

Trabalha como artista no Instituto Veterinário.

1904 – 42 anos

Dez anos depois, recebe a encomenda para as *Pinturas para o Templo*.
Passa a ser a líder do grupo das cinco.
Período preparatório para as pinturas.

1905 – 43 anos

Período de teste, em que pinta uma série de 24 esboços de acordo com instruções precisas. Ela também recebe uma mensagem sobre quanto tempo leva cada pintura – dois dias por pintura quando ela pinta cinco horas por dia.

1906 – 44 anos

Há três pinturas – *Soluppgfing* (*Nascer do Sol*), *Skog i aftonbelysning* (*Madeiras na Luz da Noite*) e *Nunna* (*Freira*) – que podem ser consideradas uma reminiscênciaa de seu período anterior quando sua grande alegria foi retratar a natureza. Essas pinturas são dadas a ela para que ela aprenda a confiar em suas próprias habilidades

e aqueles que a conduziam e, portanto, podem ser consideradas como pinturas de transição.
Começa a realizar pinturas em várias séries e grupos: *Caos Primordial* – 26 pinturas.
Seu trabalho naturalista é apresentado no Kunsten
Exposição industrial em Norrköping, juntamente com obras de seus ex-professores na Academia Real de Arte.
Exposição no Kunsten Exposição industrial em Lund.

## 1907 – 45 anos

*WU* ou *A Rosa.*
Início das pinturas *As Dez Maiores.*

## 1908 – 46 anos

Termina a série de *As Dez Maiores.*
Série *WUS* – ou *As Plêiades.*
Conhece Rudolf Steiner, o secretário-geral da A seção alemã da Sociedade Teosófica, o fundador posterior da Antroposofia.
Ele visita seu estúdio e faz observações sobre as pinturas e seu processo e afirma que nos próximos cinquenta anos serão compreendidos.
Pausa de quatro anos em seu trabalho nas *Pinturas para O Templo.*
Durante esse período, ela também não faz obras naturalistas, com exceção de um retrato em 1910.
Para melhor cuidar de sua mãe cega, Hilma af Klint desiste do seu estúdio no Hamngatan no início do verão de 1908.
Transfere o estúdio para escritório no primeiro andar da Brahegatan, acima da casa da mãe.

## 1910 – 48 anos

Suposto início do movimento abstrato na arte.

## 1911 – 49 anos

Exposição de antigos trabalhos naturalistas de artistas mulheres suecas exibidos na Academia Real de Belas Artes de Estocolmo.

### 1912 – 50 anos

Rudolf Steiner realiza duas palestras em Estocolmo em abril e rompe com a Sociedade Teosófica. Verões na Villa Furuheim na ilha de Munsö no lago Mälaren.

### 1913 – 51 anos

Retoma seu trabalho nas *Pinturas para O Templo.*

Pinta a *Série US* (1913).

Pinta a *Série W* ou *A Árvore do Conhecimento* (1913–1915).

O trabalho passa a ser mais independente. Sua mão não está mais sendo guiada. Steiner funda a Sociedade Antroposófica na Alemanha.

Dá palestras sobre seu desenvolvimento espiritual em Estocolmo.

Em junho, participa do congresso da Sociedade Teosófica em Estocolmo.

### 1914 – 51 anos

Inicia a pintura da *Série SUW* ou *O Cisne.*

Expõe suas pinturas naturalistas na Exposição do Báltico em Malmö.

Artistas do Norte Europeu e países Bálticos, a Alemanha e a Rússia participam.

A seção russa mostra trabalhos abstratos de Wassily Kandinsky, que publica *Do Espiritual na Arte.*

Início da Primeira Guerra Mundial.

### 1915 – 52 anos

Contrata Thomasine Andersson para enfermeira de sua mãe. Termina a *Série SUW* ou *O Cisne*, 24 obras. Pinta a *Série UW* ou *A Pomba*, 14 obras.

Completa as *Pinturas para o Templo* – ou *Retábulo Altar.*

Como conclusão pinta *Castidade Humana.*

## 1916 – 53 anos

Pinta série *Parsifal*, 144 aquarelas.
Começa a construção do atelier em Munsö em terras arrendadas da família Gietta, em parceria com amigas.

## 1917 – 54 anos

Pinta a série *Átomo*, geométrica-abstrata.
Escreve *A Vida da Alma*.

## 1918 – 55 anos

Mudança para Furuheim com sua mãe e Thomasine Andersson.
Estuda e escreve *Tratado sobre Musgos e Líquens*. Fim da Primeira Guerra Mundial.

## 1920 – 57/58 anos

Morte da mãe, em 5 de janeiro.
Pinta a série sobre as grandes religiões do mundo.
Início de um período criativo intensivo.
Mudança para Helsingborg com Thomasine Andersson.
No outono elas visitam o Goetheanum em Dornach, na Suíça, e tornam-se membros da Sociedade Antroposófica.
Encontros com Rudolf Steiner.
Desiste da abstração geométrica.
Pausa de um ano nas pinturas.
Estuda Antroposofia e a Teoria das Cores de Goethe.
Muda sua maneira de trabalhar.

## 1921 – 59/60 anos

Ela permanece por longos períodos em Dornach, na Suíça.
Assiste às palestras de Rudolf Steiner.

## 1925 – 63 anos

Morte de Rudolf Steiner.
Hilma af Klint para de pintar por cinco anos, também não foi encontrada nenhuma anotação neste período.

### 1927 – 65 anos

Doa seus estudos sobre flores, musgos e líquens para a Seção de Ciências do Goetheanum.

### 1928 – 66 anos

Ela mora em Skolgatan 17 em Uppsala.
Entra em contato com a Sociedade Antroposófica da Holanda para tentar expor sua obra no Congresso Mundial de Antroposofia.

### 1930 – 68 anos

Novas pinturas, não mais compondo séries.
Substitui a severa estrutura antiga por composições de cores mais livres, formadas de maneira técnica e hábil pela aquarela.

### 1932 – 70 anos

Pinta dois mapas que antecipam o bombardeio de Londres e as frotas no mar Mediterrâneo da Segunda Guerra Mundial.

### 1935 – 73 anos

Mudança para Grönegatan 28 em Lund.
Inicia a catalogação e a documentação de sua obra junto a Olof Sundström, que posteriormente foi responsável pelo seu redescobrimento.

### 1937 – 75 anos

Anna Cassel morre.
Dá palestra na Sociedade Antroposófica de Estocolmo, apresenta alguns de seus trabalhos, dedica-os a Steiner.

### 1938 – 76 anos

Dita o manuscrito *A Vida da Alma* para a Drª. Anna Ljungberg.

### 1939 – 77 anos

Início da Segunda Guerra Mundial.

1940 – 78 anos

Thomasine Andersson morre.

1941 – 79 anos

Mudança para apartamento menor na mesma cidade, Lund.

1942 – 80 anos

Escreve o seu testamento.

1944 – 81/82 anos

Mudança para a casa da prima Hedvig af Klint em Djursholm. Escreve em seu último caderno em 9 de outubro.

A última frase: "Você tem um mistério e, rápido o suficiente, perceberá o que te espera".

Sofre um acidente e morre no dia 21 de outubro de 1944, cinco dias antes de completar 82 anos. Kandinsky, Munch e Mondrian morreram no mesmo ano. Ela deixou 1200 obras artísticas e mais de 124 diários para Erik af Klint. Em seu testamento, declarou que o trabalho só poderia ser revelado para exibição vinte anos após sua morte.

"A *Alma das Cores*" será o novo livro que dará sequência a este. Neste próximo volume, Luciana Pinheiro traça um diálogo com a obra de Hilma af Klint através de sua experiência como artista, arte educadora e pesquisadora.

Acompanhe tudo
@hilmaascoresdaalma no Instagram
Hilmaafklintbiografia.com
Ascoresdaalma.com.br

pólen bold 90 gr/m2
tipologia garamond
impresso no inverno de 2023